DÉTAILS PARTICULIERS

SUR LA

JOURNÉE DU 10 AOUT 1792.

IMPRIMERIE DE C. J. TROUVÉ,
RUE NEUVE S.-AUGUSTIN, N. 17.

DÉTAILS PARTICULIERS

SUR LA

JOURNÉE DU 10 AOUT 1792,

Par un bourgeois de Paris, témoin oculaire,

SUIVIS DE

DEUX NOTICES HISTORIQUES,

L'UNE SUR S. A. S. Mgr LE DUC D'ENGHIEN, L'AUTRE SUR S. A. S. Mgr LE PRINCE DE CONTI,

Par le même.

PARIS,

J. J. BLAISE, libraire de feue S. A. S. Mme la Duchesse douairière d'Orléans.

Rue Férou, n° 24, près Saint-Sulpice, à la *Bible d'or*.

M. DCCC. XXII.

INTRODUCTION.

Dans le nombre des époques funestes dont la révolution française est venue remplir les annales de l'histoire, il n'en est aucune, à mon avis, aussi terrible par ses circonstances, aussi importante par ses résultats, que la journée trop fameuse du 10 août 1792.

Beaucoup de faits, plus ou moins déplorables, avoient, il est vrai, déjà signalé les trois années qui précédèrent cette journée décisive : l'étendard de la révolte, levé impunément les 12 et 14 juillet 1789; l'attentat du 6 octobre suivant, qui mit aux mains des factieux la personne du Roi et les membres de sa famille restés près de lui; les événemens du mois de juin 1791, par suite desquels ces infortunés captifs, échappés un instant de la prison où ils étaient retenus, rentrèrent bientôt sous le pouvoir de leurs implacables ennemis; enfin les outrages qu'ils eurent à supporter, le 20 juin de l'année suivante, de la part d'une populace aveuglée et furieuse; tout cela n'étoit qu'une sorte de prélude nécessaire à l'épouvantable catastrophe qui, bientôt après, fit crouler un trône ébranlé par tant d'attaques successives et multipliées.

Contemporain et témoin de cet événement, aussi cruel que mémorable, j'ai cru devoir consigner par écrit quelques détails particuliers qui s'y rattachent, et qui me sont personnels; en ce sens je me borne à retracer ce qui s'est passé sous mes yeux. Ma première idée, en m'occupant de ce travail, étoit seulement d'en faire un objet d'instruction pour mes enfans : diverses considérations m'ont déterminé depuis à en donner connoissance au public.

J'ai pensé d'abord, ainsi que l'estimable auteur de la réflexion qui sert d'épigraphe à cette notice, qu'on ne sauroit remettre trop souvent sous les yeux d'une jeunesse inexpérimentée et facile à séduire, le tableau fidèle des crimes de la révolution.

Il m'a semblé aussi que peut-être le récit qu'on va lire serviroit à jeter du jour sur un événement dont les moindres particularités, eu égard à son extrême importance, ne peuvent manquer d'être écoutées avec un vif intérêt, et dès ce moment, et plus encore dans l'avenir.

En effet, il n'existe pas, à ce sujet, beaucoup de documens où l'historien qui traitera cette partie de nos annales, soit autorisé à puiser avec confiance et certitude : on ne les trouve du moins, ni dans le *Moniteur* (si bon à consulter sur tant d'autres faits), ni dans aucun des journaux du temps : c'est une circonstance avérée, que jamais la presse ne fut moins libre qu'en ce moment de terreur et d'épouvante générale; toutes les relations écrites sous l'influence du parti dominateur sont évidemment empreintes de la plus honteuse partialité, et il n'est pas, en France, un seul homme de bonne foi qui n'ait gémi de l'absurdité des fables insérées dans les papiers publics, à l'époque dont nous parlons.

viij

En opposition aux contes ridicules, aux mensonges révoltans, débités par les révolutionnaires, après la journée du 10 août, et qui ne méritent aucune espèce de créance, divers ouvrages, publiés sur cette même affaire, soit à l'étranger, soit en France, depuis un certain temps, pourront, à la vérité, fournir des éclaircissemens sûrs et précieux : les deux volumes de M. Peltier, intitulés : *Histoire de la Révolution du 10 Août* 1792; l'ouvrage de *M. Hue*, (*Dernières années du règne et de la vie de Louis* XVI), et d'autres encore, plus ou moins répandus, contiennent sur cette matière des détails intéressans par l'exactitude et le soin avec lesquels ils sont présentés.

Toutefois, il n'est pas à ma connoissance qu'aucune des relations publiées en France jusqu'à ce jour (1) ait été annoncée comme

---

(1) Il en a paru, je crois, qui ont été imprimées en Suisse, et qu'on doit à des officiers de cette brave nation, échappés aux massacres du 10 août et des premiers jours de septembre. Je n'ai pas eu occasion de me les procurer.

l'ouvrage *d'un témoin* racontant ce qu'il avoit lui-même *vu et entendu;* si le mérite de la notice que j'offre aujourd'hui se trouve, sous beaucoup de rapports, inférieur à celui des écrits qui l'ont précédée, elle aura du moins ce dernier avantage, et quiconque en prendra lecture, pourra se flatter d'y trouver des détails positifs, donnés, s'il m'est permis de le dire, *de la première main.*

Tel est le motif qui m'a principalement décidé à faire imprimer cette notice. Avant d'entrer en matière, je crois devoir ajouter ici un court et véridique exposé de la situation où je me trouvois moi-même à l'époque des événemens dont je vais parler. Dans une affaire de ce genre, il est bon que le lecteur fasse d'abord un peu connoissance avec la personne de l'écrivain. Je tairai mon nom, parce que j'ai toujours eu beaucoup de répugnance à me produire en public et à faire parler de moi ; mais je donnerai sur mon compte quelques détails qui m'ont paru comme un préliminaire indispensable, et ces éclaircissemens, je l'espère, serviront à inspirer plus de confiance dans la véracité de mon récit.

Né à Paris, en 1768, j'avois vingt et un ans lorsque la révolution éclata. Mes parens n'avoient pas toujours habité cette ville (1), mais ils s'y trouvoient établis depuis long-temps : ils jouissoient d'une honnête aisance et surtout d'une excellente réputation : c'étoit ce qu'on peut appeler des *Français de la vieille roche*; pleins d'honneur et de probité, fidèles et dévoués à leur religion comme à leur prince; *Dieu et le Roi* fut, dans tous les temps, leur devise. Du reste, ils n'étoient ni titrés, ni attachés par aucun intérêt immédiat au maintien de l'ancien ordre de choses; mais, comme tous les honnêtes gens en général, ils avoient

(1) Mon père, originaire du midi de la France, avoit été, une partie de sa vie, dans des emplois honorables et importans; il y avoit acquis, par d'irréprochables moyens, je veux dire par sa bonne conduite, son ordre et son économie, une fortune modeste, qui suffisoit à son ambition : ma mère, née à Versailles, étoit fille d'anciens serviteurs du Roi.

été tranquilles et heureux sous ce régime; et, pour ne parler que de leur opinion en matière de gouvernement, leur simple *bon sens* les avoit convaincus qu'il n'y avoit qu'à perdre à un changement de situation.

C'est dans de tels principes qu'ils me firent élever, et que, d'après le but qu'ils se proposoient, mes études furent dirigées de manière à me mettre en état d'exercer une charge de magistrature. Je venois de finir mon droit; j'avois été reçu avocat; en cette qualité, j'avois prêté, entre les mains de *M. Séguier,* avocat-général, le serment de fidélité au Roi (seul serment, grâces à Dieu, que mes lèvres et mon cœur aient jamais prononcé). Déjà mon père s'occupoit de traiter pour moi d'une charge honorable qui devoit me fixer à Paris, lorsque les nouvelles combinaisons qu'on s'avisa de donner tout-à-coup à l'ordre social, amenèrent à-la-fois la suppression de la généralité des offices.

Une pareille contrariété n'étoit pas de

nature à faire de moi un partisan bien zélé du nouveau système. Je m'étourdis pourtant, jusqu'à un certain point, sur les conséquences probables de ce commencement de révolution; j'imaginois qu'un pareil état de choses ne pourroit subsister long-temps, et que sa violence même étoit un symptôme de son peu de durée. Mon respectable père ne s'abusoit point à ce sujet; il entrevoyoit les malheurs dont nous étions menacés; il m'en parloit souvent; mais j'étois dans l'âge des illusions; je songeois bien plutôt à mes plaisirs qu'à la politique; les dissipations continuelles qu'offre à la jeunesse le séjour de la Capitale, ne me laissoient pas le temps de la réflexion; et, comme tant d'autres à cette époque, je dansois sans m'apercevoir que la terre trembloit sous mes pieds.

Séduit par l'attrait de la nouveauté, et par la petite satisfaction (inconnue jusque-là aux bourgeois de Paris), de me voir de pied en cap habillé en militaire, je m'étois fait inscrire dans la Garde nationale de mon quartier (1). Sans doute, aujourd'hui que nous sommes loin des événemens, nous ne pouvons disconvenir que l'institution de cette garde *civique* ou plutôt *volontaire*, comme on la nommoit alors, servit les projets des révolutionnaires, bien plus qu'elle ne les contraria : ils eurent l'adresse de s'en faire une arme offensive contre l'autorité du Roi, qui n'avoit, sur la bourgeoisie ainsi organisée, d'autre moyen d'influence que celui des sentimens de respect et d'affection demeurés jusque-là dans le cœur d'une grande partie de ses sujets. Mais s'il est vrai qu'alors, comme dans tous les temps, une pareille réunion dût être composée de beaucoup d'é-

---

(1) J'étois du *district des Minimes* de la Place royale, quartier habité, dans ce temps-là, par beaucoup de familles de robe, et dont la population étoit en général amie du bon ordre et de la tranquillité. Nous y avions, pour Commandant de bataillon, *M. Lelaboureur*, chevalier de Saint-Louis, ancien commandant du Guet de Paris, brave et digne homme, mais un peu trop âgé pour pouvoir, dans des momens critiques, rendre tous les services que sa bonne opinion donnoit droit d'attendre de lui.

lémens hétérogènes, toujours est-il que les honnêtes gens auroient peut-être déjoué les intrigues de la faction, s'ils se fussent mieux entendus, et qu'au même instant on eût vu se ranger dans ce nouveau corps tous ceux d'entre eux qui se trouvoient en âge de porter les armes (1). Pour

(1) A l'appui de cette assertion, je crois devoir citer ici la conduite que tint particulièrement notre bataillon, lors de l'affaire des 5 et 6 octobre, conduite qui dut être attribuée uniquement à sa bonne composition.

On sait que les malheurs de ces deux journées furent, en grande partie, occasionés par la facilité avec laquelle la Garde nationale de Paris se laissa, sans aucun motif plausible, entraîner à Versailles : elle y arriva confondue avec la populace, dont elle ne fit que seconder les sacriléges entreprises, puisque, d'abord, grâce à l'incurie de son chef, elle ne servit en rien à les réprimer, et que, d'un autre côté, sa présence autour du château fut bien certainement le motif qui décida notre malheureux Roi à donner aux troupes, disposées à le défendre, l'ordre formel de n'opposer aucune résistance. C'étoit là précisément ce que vouloient les meneurs; ils eussent manqué leur coup, si la canaille fût venue seule, parce qu'alors on n'auroit point eu à garder de ménagement.

Dans la matinée du 5 octobre, au bruit du tocsin et de la générale, le bataillon des *Minimes* prend les armes, et se rassemble, comme tous les autres; bientôt arrive, de l'État-major, l'ordre de quitter le quartier du Marais, et de

moi, je n'eus point à me reprocher d'avoir manqué de prêcher d'exemple. Je fis même nous porter à la place des Innocens : du reste aucune raison, aucun prétexte, ne nous est donné pour justifier ce mouvement; déjà tout ce qu'il y a de têtes un peu sensées parmi nous s'étonne et commence à témoigner de la répugnance; on marche cependant; mais, une fois rendus sur la place indiquée, nous y sommes obsédés par une troupe de femmes de la lie du peuple, presque toutes dans un état d'ivresse; elles s'approchent de nous, en vociférant, et ne cessant de répéter les cris : *à Versailles ! à Versailles !* Nous les empêchons de pénétrer dans nos rangs; nous les repoussons même, et, par un accord unanime entre tout ce qu'il y a d'honnêtes gens parmi nous, nous tenons en respect les foibles, déjà prêts à s'ébranler. Le plus difficile étoit de contenir la *Compagnie soldée*. Chaque bataillon se composoit de cinq compagnies, dont quatre de volontaires, et la cinquième, dite *Compagnie du centre*, formée en grande partie de déserteurs de l'ancien régiment des Gardes-françaises. Nous parvenons néanmoins à empêcher nos hommes de quitter le terrain. Enfin, après deux heures de lutte et d'anxiété, notre digne Commandant, le bon M. *Lelaboureur*, se rend aux instances de la majorité d'entre nous; il nous fait remettre en marche; d'après son ordre, nos tambours reprennent le même chemin par lequel ils étoient venus; nous rentrons dans nos foyers, en nous applaudissant de n'avoir pas grossi le torrent qui se portoit à Versailles, et qui, suivant l'expression si déplacée d'un Maire trop fameux, y alloit *conquérir son Roi*.

Combien nous nous félicitâmes encore davantage, le

xvj

tous les efforts possibles, afin de déterminer les jeunes gens de ma connoissance à lendemain, lorsque nous vîmes rentrer dans la Capitale l'affreux et triste cortége dont nous eussions été, sans notre juste résistance, condamnés à faire partie! Il faut, pour se faire une idée de pareilles horreurs, en avoir été le témoin; il faut avoir vu ce lugubre carrosse, où se trouvoient renfermés le Roi, la Reine, leurs enfans, Mme Élisabeth, marchant au milieu d'une forêt de bayonnettes et de piques, précédé des flots de la plus dégoûtante populace, de canons servant de voitures à des furies à figures humaines, et tous ces triomphateurs d'une cause qu'aujourd'hui encore on ne rougit pas de préconiser, vomissant, sur leur route, mille horribles imprécations, et portant, pour trophées de leur victoire, les têtes et les membres sanglans des malheureux Gardes qu'ils venoient d'assassiner.

A la suite de cette mémorable expédition, nous eûmes, comme nous nous y étions attendus, de grands reproches à essuyer de la part du Général et des autres bataillons; on en vouloit surtout à la *Compagnie soldée*; un moment il fut question de la dissoudre; mais nous la soutinmes de toutes nos forces; nous prouvâmes qu'elle avoit été maîtrisée par notre résolution; nous prîmes sur nous toute la responsabilité, et nous réussîmes à sauver cette compagnie, qui, au fait, étoit l'une des moins mauvaises de l'armée Parisienne; elle avoit pour capitaine M. *de Trestondan*, qu'on m'a dit avoir péri, pendant la terreur, sur un échafaud.

J'ignore si quelque autre des soixante bataillons dont se composoit la Garde nationale de Paris en fit autant. Ce qu'il y a de sûr, c'est que la presque totalité se laissa entraîner; plût au ciel que tous, au contraire, eussent agi comme *le bataillon des Minimes* !

prendre un semblable parti ; malheureusement j'échouai auprès de beaucoup d'entre eux. On verra plus tard que, dans une circonstance tout à fait grave, et de laquelle dépendoit à peu près notre existence, je ne réussis pas mieux à tirer de leur apathie ces esprits indifférens, quelque persuadés qu'ils parussent d'ailleurs de la nécessité d'une défense commune et bien combinée.

Au commencement, et à peu près pendant le cours de la première année, tous ceux qui s'étoient enrôlés dans cette milice nouvelle, témoignèrent, en général, assez de zèle et de bonne volonté ; mais, à dater de la fédération de 1790, il y eut un réfroidissement marqué, du moins parmi ce qui m'entouroit ; on se lassa de la Garde nationale, parce qu'il étoit naturel qu'à la longue, un service qui revenoit si souvent, parût fatigant et ennuyeux. D'un autre côté, tout ce qui s'y trouvoit d'hommes honnêtes et capables de réflexion, étoit loin d'avoir, pour le chef suprême de cette garde, non plus que pour les pouvoirs municipaux qui la dirigeoient, un haut degré de confiance et d'estime ; on s'apercevoit du progrès que faisoit, chaque jour, le parti de la révolution, et de l'impuissance où nous étions d'en arrêter la marche ; enfin, nous nous trouvions parfois en butte à des traits de plaisanterie plus ou moins piquans, que lançoient sur nous les écrivains royalistes ; ces traits, dirigés contre le Général et certain nombre de sujets qui n'y avoient que trop donné prise, n'en rejaillissoient pas moins sur tous ceux qui portoient le même habit. A cette époque, le caractère de la nation n'étoit pas encore dénaturé (1), comme il l'a été depuis, par

---

(1) Ce seroit un objet assez digne des recherches d'un observateur attentif et judicieux, que le rapprochement à faire entre le caractère actuel des Français, et celui qu'ils avoient autrefois. Je ne sais si je m'abuse ; mais il me semble que, sous ce rapport, nous avons changé du jour à la nuit. Avant la révolution, je me rappelle très-bien qu'en général, la classe ouvrière manifestoit, dans ses travaux, une satisfaction, une gaieté, qu'on n'y aperçoit plus maintenant : par exemple, vous ne passiez guère devant un atelier de forge ou de serrurerie sans entendre de joyeux refrains accompagner le bruit des marteaux ; ces chants n'avoient

tant de scènes cruelles et sanglantes, à la suite desquelles une partie du peuple a

rien d'ordurier ni d'obscène. Il en étoit de même de beaucoup d'autres professions exercées par des individus de tout âge et de tout sexe. On pouvoit attribuer de tels signes de contentement à la tranquillité d'esprit dont jouissoit alors cette partie de la population, et surtout à l'aimable et salutaire empire qu'avoit sur elle une religion essentiellement protectrice du pauvre, sa consolation et son plus ferme espoir au milieu des misères de cette vie. L'observation des dimanches et des fêtes, l'assiduité aux offices de l'Église, en un mot l'exacte pratique de tous les devoirs imposés par une loi divine, procuroient au plus grand nombre de ces hommes simples et droits un calme, une sécurité de conscience, qui les maintenoient incessamment dans un état de joie et de bonne humeur. (*Rectis corde lætitia.* Ps. 96.) Voilà le bien que nous ont enlevé des écrivains beaux esprits, vrais missionnaires de Satan, corrupteurs de la morale publique, prédicateurs effrontés d'irréligion et de révolte, qui, en flattant les passions de la multitude, n'ont réussi que trop malheureusement à éteindre chez elle le flambeau de la foi, pour l'entraîner d'abord aux plus coupables excès, et pour la plonger ensuite dans l'abrutissement, ou au moins dans un état d'inquiétude et de mal-aise habituel !

Qu'on ne vienne pas m'objecter, comme le faisoit naguère à la tribune un des anciens chefs de l'administration de Buonaparte, que l'usage de *la pipe*, devenu beaucoup plus général et plus fréquent, a doté notre nation de deux

contracté, dans ses mœurs et dans ses habitudes, quelque chose de dur et de farouche, tandis que les âmes honnêtes sont demeurées remplies de souvenirs tristes et d'inconsolables regrets; l'arme du ridicule étoit encore toute puissante; beaucoup d'entre nous se dégoûtèrent d'un métier qui entraînoit pour eux une telle *solidarité*. Il étoit d'ailleurs très-facile d'obtenir des dispenses de service; de simples prétextes suffisoient; ainsi, peu à peu, les rangs se dégarnirent en grande partie de tout ce qui, dans le principe, avoit pu leur donner tant soit peu d'honneur et d'éclat.

qualités nouvelles, la *méditation* et le *laconisme*. Cette sotte réflexion, bien digne de l'esprit fiscal qui l'a conçue, ne fait que venir à l'appui de mon système. Oui, bien certainement, il étoit rare autrefois d'éprouver les sensations dont on est affecté maintenant, lorsqu'à chaque pas que l'on fait, et dans la rue, et même dans les promenades publiques, on se trouve tout-à-coup enveloppé d'un nuage de fumée, et presque suffoqué par des bouffées de tabac; mais, loin de considérer comme un perfectionnement cette habitude, aujourd'hui trop commune, je crois que beaucoup de personnes préféreroient à ces fumeurs, tout *silencieux*, tout *penseurs* qu'ils peuvent être, la gaieté franche et la joie expansive du bon peuple de l'ancien temps.

Une autre cause qui ne laissa pas encore d'influer sur la désorganisation de la Garde nationale, fut le changement d'un grand nombre de ses officiers. On se rappelle que le choix en appartenoit aux compagnies elles-mêmes (1); lors de la création, les classes supérieures de la société jouissoient encore de quelque crédit; aussi les premières nominations avoient-elles été en général assez bonnes; plus tard, d'autres doctrines prévalurent; on nous força de procéder à de nouvelles élections; et celles-ci, dont les résultats étoient arrêtés d'avance dans les tabagies et les cabarets, ne purent guère amener que des personnages environnés d'une très-mince considération.

Pour moi, qui, dans l'origine, avois été nommé sergent d'une compagnie de fusiliers, et qui, bientôt après, avois troqué ce grade contre celui de simple grenadier, je vis à regret le commandement de ma com-

(1) Système plein d'inconvéniens et d'abus, qu'aujourd'hui, néanmoins, certaines personnes voudroient bien faire revivre, précisément à cause de ces mêmes inconvéniens.

pagnie passer, des mains d'un Chevalier de Saint-Louis, homme tout-à-fait digne et respectable (1), entre celles d'un petit limonadier, assez brave homme d'ailleurs, mais qu'on n'eût pas dû élever au-dessus du grade de caporal ou de sergent.

Dans ce nouvel état de choses, la contagion du dégoût et de l'ennui finit aussi par me gagner. Je voyois, d'ailleurs plus clairement, chaque jour, qu'au milieu des dangers qui nous menaçoient, la Garde nationale, ainsi disloquée, ne seroit nullement en état d'opposer aux projets des factieux une résistance imposante. Je pris le parti de la quitter à mon tour, dans les premiers mois de 1791, et je n'eus pas de

---

(1) Il se nommoit *M. Marion*, et avoit servi dans l'ancien corps de la Gendarmerie de France. Toutes les fois qu'il montoit la garde au château, M*me Elisabeth*, à qui il avoit inspiré une juste confiance, avoit l'extrême bonté de le faire venir auprès d'elle, et dans de longues conversations dont il m'a redit plusieurs traits, cette excellente et malheureuse princesse lui révéloit toutes les craintes dont elle étoit tourmentée, craintes que les évènemens ne firent, hélas! que trop tôt justifier.

peine à obtenir, de mes nouveaux supérieurs, un brevet de réforme.

Toutefois, malgré mon éloignement, je ne laissai pas de conserver des relations avec plusieurs de mes camarades qui, plus persévérans que moi, n'avoient pas renoncé au service : je gardai aussi mon uniforme et mes armes, bien résolu à les endosser de nouveau, s'il arrivoit que des circonstances ultérieures amenassent une occasion de m'en servir avec quelque chance de succès.

Après un repos d'une année environ, je crus que le moment étoit venu de mettre à exécution cette idée. L'assemblée, dite *Constituante*, avoit enfin pris le parti de se dissoudre : à sa place étoit venu un corps rassemblé sous le nom de *législature*, et déjà infecté d'un grand nombre de révolutionnaires dont l'esprit ambitieux et turbulent ne le cédoit en rien à celui de leurs devanciers; la situation de notre malheureux Roi ne s'étoit donc point améliorée; et, bien qu'il eût accepté la constitution fabriquée par une portion de ses sujets, bien que, de concessions en concessions, il eût fini par se dessaisir à peu près de tous les moyens de défense dont il pouvoit disposer, pour son salut, et celui de sa famille, une si admirable patience, une résignation si complète, n'avoient fait qu'accroître la fureur et l'audace de ses ennemis.

Une ressource précieuse lui restoit encore : c'étoit, indépendamment du brave et fidèle régiment des Gardes-Suisses, un autre corps composé de Français, et appelé *Garde constitutionnelle*, dont l'article 12 de la nouvelle Charte lui avoit laissé le droit d'entourer sa personne. A la vérité, cette troupe n'étoit pas considérable, puisqu'elle ne pouvoit consister qu'en 1,200 hommes d'infanterie et 600 de cavalerie; cependant de zélés serviteurs (1), chargés d'en opérer l'organisation, avoient réussi à la composer de sujets choisis dans les divers régimens, et formant à peu près l'élite de

(1) L'un d'eux étoit *M. de Précy*, qui depuis s'est immortalisé par la défense de Lyon.

chacune des deux armes. On étoit fondé à se flatter que, dans une circonstance décisive, ce corps peu nombreux, mais respectable par sa bonne composition, eût rivalisé avec les troupes Suisses, de dévouement et de courage; qu'il aurait formé, autour du trône, un rempart difficile à franchir; qu'en un mot, il eût réalisé dès-lors, autant que le permettoit sa force effective, les idées de sécurité que présentent aujourd'hui les fidèles régimens de la *Garde royale*.

Bientôt les meneurs s'effrayèrent du bon esprit manifesté par ces dignes soldats, sur lesquels il ne paroissoit pas qu'il fût possible d'exercer les moyens de corruption pratiqués en 1789, à l'égard des *Gardes françaises*. Pour s'en débarrasser, ils eurent recours aux mesures violentes employées avec tant de succès au commencement de la révolution. Ils colorèrent leur dessein de divers motifs des plus futiles, particulièrement des craintes qu'inspiroient, *pour la cause de la liberté*, les sentimens trop royalistes de cette nouvelle garde. C'est sous ce vain prétexte, qu'à force d'argent, et par l'appât du pillage, ils firent insurger encore une fois la canaille des faubourgs, à laquelle se réunirent beaucoup de vagabonds et de gens sans aveu, appelés tout exprès de divers pays. On sait à quels excès se porta ce hideux rassemblement: la journée du 20 juin fut, en quelque sorte, un essai que les conjurés firent de leurs forces. Il n'entre pas dans mon plan d'en retracer les détails; elle a d'ailleurs été fidèlement décrite par plusieurs témoins oculaires, parce qu'entre ce moment et celui du 10 août, les honnêtes gens purent encore s'exprimer avec liberté, et faire connoître la vérité sur les événemens dont Paris étoit le théâtre. Je me contente de rappeler ici que, par la bonne contenance et le dévouement d'un certain nombre de Gardes nationaux (1), et sur-

(1) On a cité particulièrement le trait d'un grenadier de la Garde nationale qui s'étoit placé tout auprès du Roi. Au moment où une foule d'énergumènes, armés de piques et

tout grâces au courage froid et impassible dont notre malheureux Monarque donna, dans cette circonstance, des preuves non équivoques, le projet des factieux, qui dès-lors s'annonçoient visiblement comme voulant achever le renversement du trône, fut au moins ajourné pour son exécution définitive.

Mais un grand avantage qu'ils rempor-

couverts de haillons, défiloit devant Sa Majesté, quelques-uns s'arrêtèrent et eurent l'insolence de lui demander *s'il avoit peur.* Pour toute réponse, le Roi prend la main de ce grenadier, et la plaçant sur son cœur : *voyez*, dit-il, de » manière à être entendu de tous, *si ce battement est ce-* » *lui de la crainte. Ah ! Sire*, dit à son tour le grenadier, » *nous sommes ici résolus à vous défendre, et à périr, s'il* » *le faut, pour sauver votre personne* ».

M. Hue, dans son ouvrage, attribue ce trait à un Garde national, nommé *Robert*, que depuis le Roi fit passer dans un régiment de ligne; pour moi, d'après les témoignages les plus dignes de foi, j'ai acquis la certitude que ce brave homme s'appeloit *Lalanne;* qu'il étoit tailleur de profession; qu'il demeuroit rue du Four-St.-Honoré; que, par conséquent, il faisoit partie du bataillon de S.-Eustache, et qu'enfin, au temps de la terreur, il fut dénoncé dans sa section, pour ce fait-là même, et conduit à l'échafaud, sur lequel il périt laissant dans la misère une femme et plusieurs enfans.

tèrent dans cette journée, ce fut l'accomplissement de leur principal dessein, c'est-à-dire le licenciement de la *Garde constitutionnelle*, mesure funeste, à laquelle notre malheureux Roi eut encore la foiblesse de consentir. J'étois à Fontainebleau lorsque l'affaire eut lieu; je vis passer dans les avenues du château quelques-uns de ces braves soldats qui, je crois, retournoient aux corps d'où on les avoit tirés : ils témoignoient hautement leurs regrets et leur indignation; d'après des ordres supérieurs, leur bonne volonté, disoient-ils, avoit été paralysée; on ne leur avoit permis de faire aucun usage de leurs armes. Je me trouvois en ce moment avec plusieurs personnes d'une opinion conforme à la mienne (1) : nous nous fîmes raconter quel-

(1) Une remarque particulière, et que je ne dois pas omettre à cause de sa singularité, c'est que, du nombre de ces personnes, étoit madame de Beauharnais, épouse d'Alexandre Beauharnais, ancien membre de l'assemblée constituante; elle étoit venue à Fontainebleau passer quelque temps chez son beau-père, pendant l'absence de son mari, alors général en chef d'une de nos armées. Je la vis là

ques détails de cette douloureuse affaire. Un tel récit ne contribua pas médiocrement à faire revivre ma première résolution. Je me hâtai de revenir à Paris, où, dès mon arrivée, je n'eus rien de plus pressé que de me faire inscrire sur le contrôle de mon ancienne compagnie.

Cet exemple fut imité par quelques

pour la première fois, jeune encore et douée de beaucoup d'agrémens extérieurs. Je fus à même de juger de l'amabilité de son caractère, par deux ou trois journées passées dans sa société intime; elle-même plaisantoit de fort bonne grâce sur les exploits de ce mari, dont l'ardeur *constitutionnelle* fut bientôt après si mal récompensée. Combien j'étois loin d'imaginer en cet instant que celle qui gémissoit avec nous de la triste situation du Roi et de sa famille, dût être appelée, par une suite de circonstances aussi bizarres qu'inattendues, à monter, quelques années après, sur ce même trône dont elle plaignoit l'abaissement et la ruine prochaine ! C'est au surplus la seule fois que j'aie eu le plaisir de lui parler; je la revis bien depuis, en public, d'abord à Milan, pendant que son second mari commandoit en chef l'armée d'Italie, puis à Paris, lorsque ce même homme se fut emparé du suprême pouvoir; mais au degré prodigieux d'élévation où elle étoit parvenue, et qui, bien qu'éblouissant pour la multitude, ne me paraissoit pas néanmoins digne d'envie, je crus qu'il me convenoit de rester, à son égard, dans une parfaite obscurité.

jeunes gens de ma connoissance, notamment par un de mes amis les plus intimes, dont j'aurai occasion de parler beaucoup dans le récit qui va suivre. Un certain nombre d'autres, que j'avois tâché de faire entrer dans le même projet, et qui d'abord m'avoient paru bien disposés, ne réalisèrent pas l'espérance qu'ils m'avoient donnée : je ne fais ici de reproches à personne ; mais il en est plus d'un qui, par la suite, dut se repentir de n'avoir pas suivi mes conseils ; les persécutions qu'éprouvèrent bientôt après, *indistinctement*, tous ceux dont l'âme honnête s'étoit refusée à épouser le système de la révolution ; la fuite des uns, leur exil volontaire ou forcé, la perte de leur fortune, et, pour beaucoup d'autres, les dénonciations, l'emprisonnement, l'échafaud, tels furent les effets déplorables de la victoire remportée sur la vertu par le crime ; dans ce commun désastre, on vit enveloppés à la fois, et ceux qui avoient résisté, et ceux qui n'avoient pas même tenté de disputer le terrain; c'est le résultat auquel nécessairement on doit s'attendre, toutes les fois que triompheront les ennemis de l'autel et du trône, parce qu'il est une conséquence nécessaire des principes pour lesquels ils combattent.

Tirons de là une réflexion dont l'expérience n'a que trop démontré la vérité: savoir, que, dans l'état d'hostilité permanente où se sont placés les révolutionnaires contre toute espèce de gouvernement légitime ou d'ordre établi, quiconque, en cette guerre impie, n'est pas *pour eux*, est censé *contre eux* (1), et ne doit, s'il a quelque chose à perdre, espérer, de ces hommes avides et féroces, ni grâce ni pardon.

Dans un tel état de choses, c'est donc folie de vouloir rester neutre, ou de prétendre, en se cachant, échapper aux poursuites de gens à la fois si habiles et si peu

---

(1) C'est un avis qu'ils nous ont eux-mêmes répété jusqu'à satiété.

traitables; ils sauront toujours vous atteindre, ou dans votre personne, ou dans vos biens. Ah! plutôt que de succomber ainsi sans gloire, ne vaut-il pas mille fois mieux leur opposer une généreuse résistance, et mourir au moins les armes à la main?

Mais un pareil sort, loin d'en redouter l'idée, j'ai la conviction intime qu'il ne sera point à craindre, du moment que nous aurons manifesté, d'un commun accord, la ferme résolution de résister. Cessons de nous abuser sur la puissance et les moyens réels des factieux; ils n'ont jamais été forts que de la mollesse et du défaut d'union de leurs adversaires : que ceux-ci se réunissent, qu'ils opposent à l'ennemi un front redoutable, ils sont sûrs d'en triompher.

Toutefois ajoutons brièvement que, dans cette lutte, comme en toute espèce de guerre, les efforts des combattans doivent être dirigés par un chef unique, digne de leur confiance, et qui, toujours, soit prêt à se mettre à leur tête. Notre chef, à nous, c'est le gouvernement, c'est *le Roi*. Fort de la justice et de la sainteté de sa cause, plein de foi dans le Dieu de qui seul il tient sa puissance, qu'il ne cesse jamais de considérer l'autorité dont il est revêtu comme un dépôt inviolable et sacré ; que, dans l'intérêt de ses peuples, il doit transmettre intact à son successeur immédiat et légitime ; qu'au moment où cette autorité sera menacée, il appelle à lui tout ce qui est fidèle, et, d'un souffle, il dissipera, comme une vile poussière, la tourbe de ses ennemis.

Je n'ai jamais douté qu'à la malheureuse époque dont il est ici question, le parti jacobin n'eût été comprimé ; et la couronne maintenue sur la tête de notre vertueux Roi, si ce prince, doué d'ailleurs d'excellentes qualités, n'eût pas écouté trop facilement de perfides avis ; s'il ne se fût laissé séduire par l'idée d'éviter l'effusion du sang, en abandonnant son palais et les fidèles serviteurs réunis autour de lui en assez grand nombre pour faire tête aux révoltés. --- Mais n'anticipons pas sur les événemens que j'ai à décrire, et dont le récit m'a paru devoir être précédé de cette sorte d'introduction.

J'ai dit ci-dessus qu'après l'affaire du 20 juin, je m'étois décidé, dans l'espoir de servir utilement la bonne cause, à rentrer dans les rangs de la Garde nationale de Paris. Je passe rapidement sur la période de cinquante jours qui sépare cette journée de celle du 10 août.

On sait que, dans cet intervalle, les conjurés, colorant leurs affreux desseins d'un beau zèle et d'un entier dévouement à la constitution de 1791 (1), réussirent à exécuter le projet d'une seconde fédération,

---

(1) Leur exclamation bannale et favorite étoit : *la Constitution ! toute la Constitution ! rien que la Constitution !* et cela dans le moment où ils travailloient de toutes leurs forces à la renverser. Quels traits de ressemblance, entre ce temps-là et celui où nous vivons ! Parmi les prétendus champions de *la Charte*, combien il s'en trouve qui ne

à laquelle furent envoyés, d'après des instructions secrètes, l'écume et le rebut de la population des provinces. Tous ces détails se trouvent encore consignés, d'une manière impartiale et assez fidèle, dans plusieurs des journaux qui paroissoient à cette époque, et dont la publication ne fut arrêtée qu'après la grande catastrophe. J'y renvoie mes lecteurs, en me contentant d'observer que cette fédération même, qui, comme celle de 1790, eut lieu au Champ-de-Mars, fut une des premières circonstances où j'eus occasion de faire de nouveau mon service; j'y assistai avec une partie de mon bataillon; j'étois tout près de l'autel, et je vis parfaitement notre malheureux Roi, obligé de venir à pied du bâtiment de l'École-Militaire jusqu'au monticule placé dans le milieu du champ; parvenu en haut des degrés, il s'y trouva

---

sont pas de meilleure foi, et qui demain, s'ils étoient les plus forts, la fouleroient aux pieds, comme ils ont déjà fait à la trop fameuse époque des cent jours!

comme étouffé par une cohue de députés ou d'autres personnages, entassés là pêle-mêle, et parmi lesquels je distinguai le président *Aubert-Dubayet*, ayant le chapeau sur la tête, ainsi que beaucoup de ses collègues ; du reste, aucune marque de déférence, de la part de ces hommes, envers leur Monarque ; mais, tout autour de l'autel, des forcenés poussoient les cris de *vive Pétion ! Pétion ou la mort !* tandis que nous autres, Gardes nationaux, nous nous efforcions de couvrir ces clameurs par notre cri chéri de *vive le Roi !*

A quelques jours de là, je fus commandé de garde aux Tuileries. L'horizon se rembrunissoit de moment en moment ; dans le sein de l'assemblée, les discussions les plus orageuses ; dans les sections de Paris, des motions incendiaires, accueillies par une stupide multitude, et proclamées avec une effrayante impunité ; aux extrémités de la ville, les fédérés et la populace commençant à essayer leurs forces combinées, et préludant, par des assassinats partiels, à la grande entreprise méditée par leurs chefs (1); toutes ces circonstances ne faisoient que confirmer ma résolution; seulement j'eusse bien desiré de la voir adopter par la masse entière des honnêtes gens; mais, comme je l'ai déjà fait remarquer, la plupart, séduits par un faux calcul, se tenoient à l'écart, et croyoient trouver leur salut dans une sorte de neutralité. Hélas! malgré une leçon si terrible, combien de bons royalistes ne seroient encore aujourd'hui ni plus sages, ni plus prévoyans!

Un fait de peu d'importance, mais que je me rappelle, comme s'il s'étoit passé hier, c'est que, pendant cette garde au château, me trouvant en faction dans un

---

(1) Ce fut vers ce temps qu'eut lieu, au Champs-Élysées, une scène sanglante entre ces fédérés, d'une part, soutenus par un ramassis de canaille, et de l'autre, un petit nombre de Gardes nationaux de la section des *Petits-Pères* et de celle des *Filles-St.-Thomas*, qui s'étoient réunis là pour dîner ensemble; dans ces derniers, il y en eut un de tué: c'étoit un agent de change; plusieurs autres furent blessés.

corridor qui servoit de passage pour arriver par derrière aux appartemens du Roi, et roulant dans mon esprit mille réflexions douloureuses, je m'avisai de prendre un crayon, et de tracer sur la muraille les mots : « *God save the King and all his* » *Family !* » J'avois tellement pris mon parti sur tous les événemens possibles, que je n'hésitai pas à écrire au-dessous mes noms, demeure et qualité ; du reste, l'inscription étoit en lieu apparent et très-facile à voir. *M. de Croixmare*, ancien officier aux Gardes françaises, de qui j'étois connu, la remarqua quelques jours après, et m'en fit compliment. Il faut croire qu'elle fut effacée, en temps opportun, par quelque main charitable ; autrement il n'en eût pas fallu davantage pour qu'un peu plus tard, mon nom fût placé sur les listes de proscription.

Mais c'est assez m'arrêter sur les préliminaires du récit qui fait le principal objet de ce mémoire. J'arrive au moment où le trône et la personne sacrée de Louis XVI vont succomber sous les derniers coups d'une faction impie. J'adopterai, dans ma narration, une forme plus rapide, et mieux appropriée, je crois, à la nature des événemens que j'entreprends de décrire.

DÉTAILS PARTICULIERS

SUR LA

JOURNÉE DU 10 AOUT 1792,

PAR UN BOURGEOIS DE PARIS, TÉMOIN OCULAIRE.

«Depuis trente ans, les événemens se sont pressés
» de telle sorte, que les contemporains eux-mêmes
» lisent avec avidité le récit des malheurs qui déso-
» lèrent les plus belles années de leur vie. Repro-
» duisons-les sans cesse, afin qu'ils instruisent
» ceux qui n'étoient pas encore nés lorsque nous les
» éprouvions, et ceux que leur jeune âge rendoit
» insensibles à nos maux. »

(*Conservateur*, tom. IV, quatrième livraison, pag. 326 et 327. Observations de M. d'Herbouville sur cette question : « *Convient-il de* » *rappeler les excès de la révolution ?* »)

JEUDI 9 AOUT,

Neuf heures du matin.

INQUIET des rumeurs qui depuis quelques jours circulent dans Paris, et que chaque instant semble rendre plus sinistres, je me disposois à sortir, pour tâcher de connoître le véritable état des choses, lorsque mes oreilles sont tout à coup frappées du bruit d'un rappel que battent, en parcourant les rues du quartier, plusieurs tambours de notre bataillon des *Minimes*. Je m'empresse d'endosser l'uniforme. Armé d'un fusil, et pourvu de quelques cartouches, je me rends au lieu ordinaire du rassemblement (1); je trouve là notre digne Commandant, M. *Lelaboureur*, plusieurs officiers, et un certain nombre de Gardes nationaux déjà réunis : on nous dit que des conciliabules, tenus pendant la nuit par les Jacobins, ont donné lieu d'appréhender, pour cette matinée même, des attroupemens hostiles, suivis peut-être d'une entreprise contre le château des Tuileries ; que c'est le motif qui a décidé à rassembler les bataillons de la Garde nationale ; que néanmoins rien n'annonce, jusqu'à présent, de la part des conjurés, un commencement d'exécution.

Dix heures.

Il n'étoit encore venu qu'une foible partie de notre monde, et même dans le nombre de

(1) C'était sur la chaussée et devant le portail de cette jolie église des *Minimes*, qui faisait alors l'un des ornemens de Paris, et que depuis, une spéculation de la *Bande noire* a démolie et fait disparaître, comme tant d'autres précieux monumens.

ceux qui s'étoient présentés, plusieurs avoient, sous divers prétextes, pris le parti de rentrer chez eux; le Commandant, à qui nul ordre nouveau n'avoit été adressé, invite ceux qui restent à se retirer également dans leurs domiciles, et à ne s'en écarter que le moins qu'ils pourront, afin qu'on soit toujours en mesure de rassembler le bataillon au premier signal.

J'étois de ces derniers; avec moi se trouvoit l'un de mes camarades d'enfance et de mes plus proches voisins, le jeune L..., fils d'un Employé supérieur de l'Administration des Postes. Unis de sentimens et d'opinions, nous nous étions promis l'un à l'autre, après l'événement du 20 juin, d'agir de concert, en cas de nouvelles entreprises des révolutionnaires contre la famille royale et de joindre nos efforts à ceux de tous les honnêtes gens qui, suivant notre idée, ne pouvoient manquer de venir, à l'instant de l'attaque, se presser autour du trône menacé... Du reste, ce projet formé entre nous, cette résolution, à laquelle nous nous étions fortement arrêtés, et qui s'accordoit, en tous points, avec les sentimens de nos deux familles, ne nous avoient été suggérés par aucune influence étrangère au petit cercle d'amis et de parens dont nous étions entourés. Mon ami n'avoit, pas plus que moi, de relations avec les personnes tenant à la cour; comme moi, il n'étoit guidé que par une sorte d'instinct d'honneur et de fidélité, fruit de la bonne éducation qu'il avoit reçue.

Dans le moment où nos camarades commençoient à se disperser, nous nous rappelons mutuellement notre promesse; la circonstance nous paroît, à tous deux, assez grave pour que, sans attendre une nouvelle alerte, nous nous rendions dès l'instant au château. « Qui sait d'ailleurs, nous disions-
» nous, si l'autorité supérieure, c'est-à-dire,
» le Maire de Paris, n'ordonnera pas des mesu-
» res en opposition avec nos véritables inté-
» rêts? Si, au lieu d'appeler le secours de la
» Garde nationale, on n'intimera pas au con-
» traire la défense aux Commandans de ras-
» sembler leurs bataillons, ou tout au moins
» si l'invitation ne sera pas trop tardive, et si
» l'on sera en mesure de prévenir le mal, avant
» qu'il soit fait? Le temps presse, les instans
» sont précieux; allons de ce pas aux Tuile-
» ries. Emmenons avec nous ceux qui parta-
» gent notre avis; afin de ne point exciter de

» méfiance, nous marcherons isolément, un à
» un, deux à deux au plus; là nous nous join-
» drons à beaucoup de Gardes nationaux des
» autres bataillons qui s'y seront rendus comme
» nous; et cette réunion ne laissera pas de
» former une certaine force, capable peut-être
» d'en imposer aux factieux. »

Tels étoient nos raisonnemens : nous nous hâtons d'en faire part à quelques-uns de ceux qui se trouvoient encore à portée de nous : nous les engageons à suivre notre exemple, et à se mettre en route, chacun de son côté, pour la même destination ; à peine prenons-nous le temps de passer à nos maisons respectives, afin de prévenir nos parens; sans difficulté nous obtenons leur assentiment à notre projet ; puis nous gagnons, en toute diligence, la place du Carrousel et le château des Tuileries.

De midi à trois heures.

Il étoit midi à peu près, lorsque nous arrivâmes à ce poste où nous appeloit notre dévouement à la plus malheureuse comme à la plus juste des causes. Nous nous présentons à la porte principale, en nous annonçant comme soldats volontaires pour le service du Roi, sur-le-champ nous sommes admis dans l'intérieur des cours.

Ici, pour l'intelligence de ce qui va suivre, il me paroît nécessaire de tracer, au moins succinctement, la topographie des lieux : depuis 1789, il s'y est fait des changemens si considérables, que les personnes qui n'ont point connu la Capitale à cette époque, auroient peine à se former aujourd'hui, sans recourir aux anciens plans, une juste idée des avenues et de l'alentour de ce palais, devenu trop fameux par tous les événemens dont il a été le théâtre.

D'abord la place du Carrousel, à présent si spacieuse, ne comprenoit pas même la moitié du terrain qu'elle offre en ce moment : on a démoli, pour l'agrandir, une multitude de maisons plus ou moins élevées, qui formoient des rues, avec divers détours, et qui, par conséquent, rendoient beaucoup plus facile l'approche du château; c'étoient, en quelque sorte, autant de chemins couverts par lesquels on pouvoit arriver impunément jusqu'à portée de pistolet de l'enceinte des bâtimens et des cours.

L'espace renfermé aujourd'hui entre la

grande grille et les murs du palais, étoit aussi moins vaste, parce que, du côté de la place, on a reculé cette grille au-delà de l'ancienne clôture. Au lieu d'une seule cour, divisée par des bornes et par de grosses chaînes, telle qu'on la voit à l'instant où j'écris, il y en avoit alors trois, d'inégale dimension; la plus grande, celle du milieu, s'appeloit *la Cour Royale;* celle qui étoit à gauche en venant du Carrousel se nommoit *la Cour des Princes;* on arrivoit par-là au pavillon de Flore; la troisième enfin, celle qui se trouvoit à droite, étoit *la Cour des Suisses*, ou *la Cour des Écuries ;* elle conduisoit au pavillon de Marsan ; c'est dans cette dernière cour, la moins grande des trois, qu'étoit la porte d'entrée de la salle de la comédie. Je ne parle pas d'une quatrième cour, fort petite, appelée, je crois, *la Cour de Marsan*, qui se trouvoit à droite de la Cour des Suisses, à peu près sur le terrain qu'occupe maintenant la nouvelle galerie, et qui servoit de passage pour aller des Tuileries à l'hôtel de Brionne.

Du reste, ces trois cours étoient séparées les unes des autres par des murs et par des bâtimens de peu d'élévation, où logeoient diverses personnes attachées au service du château ; chacune des trois avoit son entrée par une simple porte-cochère, très-peu solide, donnant sur la place du Carrousel. Le Suisse chargé de garder la principale de ces portes, y tenoit un petit établissement de traiteur, d'après une permission encore d'usage à présent dans plusieurs maisons royales.

Du côté du jardin, les arcades des galeries inférieures qui longent la terrasse, à droite et à gauche de la porte d'entrée du vestibule, étoient fermées, dans presque toute leur hauteur, par des barreaux de fer, qu'on a supprimés depuis pour mettre une statue sous chacune. Enfin, au lieu des grilles qui bordent la terrasse des Feuillans, il y avoit, d'un bout à l'autre, un mur peu élevé, servant de séparation entre cette terrasse et la cour du manège, aujourd'hui la rue *de Rivoli*. La salle où s'assembloient les Députés (l'ancien *Manège*), occupoit le fond de ladite cour, et se trouvoit placée environ à une portée de fusil de la rue du Dauphin. Dans sa longueur, le mur dont je viens de parler étoit percé de deux ou trois petites portes pratiquées pour le service des cafés qui s'y trouvoient adossés, et dont le devant donnoit sur la cour du manège. A l'extrémité du même mur, en revenant vers le château, et tout près du pavillon Marsan, étoit une porte-cochère en bois, faisant face à celle du Pont-Royal, et servant d'entrée principale de la cour du manège dans le jardin.

Quant aux distributions intérieures du palais, bien qu'elles aient éprouvé beaucoup de changement, je ne les ai jamais assez connues pour en rendre un compte fidèle; d'ailleurs ces détails ne sont pas, comme ceux qui précèdent, nécessaires à mon récit : la seule observation qui s'y rattache, et que je ne dois point omettre, c'est que la chapelle, aujourd'hui transportée dans une autre partie du bâtiment, étoit, en 1792, placée à la hauteur du premier repos du grand escalier; la belle porte qui est là, et que l'on aperçoit en passant sous le vestibule, servoit précisément d'entrée à cette ancienne chapelle, devenue maintenant une sorte d'antichambre ou de salle *des Gardes à pied ordinaires du corps du Roi.*

Ce fut vers ce lieu respectable, mais dont la sainteté devoit être bientôt si indignement profanée, que, par occasion, se dirigèrent nos premiers pas. Nous venions, comme je l'ai dit plus haut, d'être admis dans l'intérieur des cours; tout à coup le bruit se répand autour de nous, que le Roi et sa famille vont entendre la messe; pressés du desir de les contempler encore, nous nous hâtons, mon camarade et moi, de déposer nos armes en lieu sûr et d'aller nous placer dans le parvis de la chapelle. Il n'y avoit de présens qu'un petit nombre de spectateurs; quelques gardes des Cent-Suisses, quelques grenadiers de la Garde nationale de service au château, formoient une haie à droite et à gauche de ce parvis. Nos regards étoient fixés sur la tribune supérieure faisant face à l'autel; bientôt nous voyons s'avancer successivement vers le balcon de cette tribune, *le Roi, la Reine, Madame Elisabeth, et Madame Royale.* Hélas! malgré le voile de tristesse répandu sur leurs nobles visages, et quelque fâcheux que fussent dès lors nos pressentimens, nous ne pouvions encore imaginer que le spectacle d'une si auguste réunion s'offrît à nos yeux pour la dernière fois; qu'à dater de ce jour il ne leur seroit plus permis d'assister ensemble à la célébration des saints mystères, et que, dans peu d'instans, les impénétrables desseins de la Providence alloient donner sur eux tout pouvoir à la horde impie et féroce de leurs ennemis! (1)

On ne dit qu'une messe basse : pendant tout le temps qu'elle dura, j'eus la faiblesse de m'occuper moins du *sacrifice* que des assistans;

(1) Je n'ai pas souvenir que *Monseigneur le Dauphin* fût présent. Ainsi, sur les quatre augustes personnes dont je viens de tracer les noms, il s'en trouvoit deux (*la Reine et Madame Elisabeth*) que j'étois condamné à ne jamais revoir! *Le Roi* lui-même, je ne devois plus jouir de sa présence que peu d'instans encore, dans la matinée du lendemain! — *Une seule*, miraculeusement conservée à nôtre amour, existe aujourd'hui au milieu de nous, et nous offre, après tant de malheurs, mille motifs d'espérance et de consolation! Oh! comment exprimerois-je tous les sentimens dont mon âme fut comme inondée, lorsque, après vingt-deux ans d'une séparation si pénible pour tout ce qui restoit en France de cœurs dévoués et fidèles, la divine providence a permis que je la visse rentrer triomphante dans la Capitale du royaume de ses pères, au milieu des transports et des acclamations d'une multitude enivrée de joie, et qu'enfin mes yeux pussent contempler de nouveau cette physionomie à la fois si aimable et si majestueuse, où se peignent fidèlement les principaux traits de celle des vertueux et infortunés auteurs de ses jours!

ils touchoient à l'instant de devenir eux-mêmes *des victimes*, et sans doute cette pensée dut, plus d'une fois, se présenter à leur esprit. Je ne pus remarquer, sans en être touché, l'attention et le recueillement du Roi et de sa famille : tous eurent les yeux constamment attachés sur leur livre de prière ; à peine, lors de l'entrée et de la sortie, laissèrent-ils tomber sur nous quelques regards où se peignoient à la fois. et la bonté de leur âme, et leur inquiétude sur l'avenir prochain dont ils étoient menacés. Oui ; je vivrois cent ans encore, une scène si imposante et si triste ne s'effaceroit jamais de mon souvenir.

Depuis le moment où nous sortîmes de la chapelle, jusque vers trois heures après midi, nous nous tînmes dans les cours, et ne fîmes autre chose que converser, soit avec le petit nombre de gardes nationaux de notre quartier, qui étoient venus nous joindre, soit avec ceux des autres bataillons, particulièrement des compagnies de Grenadiers ou de Chasseurs des *Filles Saint-Thomas*, que leur dévouement et leur zèle avoient, comme nous, conduits au château. Nous ne manquions pas de questionner avec empressement toutes les personnes qui arrivoient du dehors; mais bien qu'on ne nous annonçât point de danger imminent, les rapports néanmoins s'accordoient à dire que nous devions de plus en plus nous tenir sur nos gardes, et qu'un complot, tramé dans l'ombre, pouvoit d'un instant à l'autre éclater sur les Tuileries.

De trois à six heures après midi.

Cette considération nous décide, mon ami et moi, à ne pas nous éloigner, même pour notre repas. J'ai déjà dit que le suisse de la principale porte du Carrousel tenoit une espèce de restaurant; nous nous rendons chez lui; il y avoit, ce jour là, une affluence extraordinaire; ce n'étoit pas seulement des différens postes du château; mais aussi des autres quartiers de Paris, que beaucoup de personnes, poussées sans doute par un motif de curiosité, étoient venues chercher là leur dîner. Nous y trouvons jusqu'à des *Fédérés*, qui sans doute avoient pour but d'observer de plus près, et le nombre d'adversaires qu'ils se disposoient à attaquer le lendemain, et les mesures que déjà ceux-ci pouvoient avoir prises pour leur défense. C'est avec beaucoup de difficulté que nous réussissons à nous procurer une petite table, encore nous faut-il endurer le désagrément d'être placés à côté d'un groupe de ces étrangers, qu'à leur conversation et à leur accent nous eûmes bientôt reconnus pour des Provençaux (1).

On pense bien qu'un tel voisinage nous fit abréger, autant que cela dépendit de nous,

---

(1) Entre autres propos plus ou moins grossiers, que ces messieurs se permirent, il en est un surtout qui m'est resté dans la mémoire, à cause de sa singularité.

Les convives étoient nombreux et bruyants; on avoit peine à se faire servir; après avoir mangé de plusieurs choses, nos Marseillois demandent au garçon ce qu'il peut encore leur donner. — « Voulez-vous du veau? » Oui, mais pas de *vau-blanc*; c'est de la viande pourrie...»

Quelques jours auparavant, M. de *Vaublanc* avoit donné une preuve signalée de son attachement à la personne de notre malheureux Roi. *Indè iræ*.

J'ai cru pouvoir rapporter ce petit fait : une pareille injure proférée à cette époque, et par de tels hommes, est aujourd'hui un titre d'honneur pour le député courageux à qui elle s'adressoit, et qui, grâce à Dieu, défend encore avec vigueur, au moment où j'écris, la cause sacrée de la légitimité.

la durée de notre repas. Revenus dans la cour des princes, ou la Compagnie de grenadiers des Filles Saint-Thomas étoit stationnée, nous eûmes là, entre cinq ou six heures après midi, une autre aventure que d'abord je considérai comme peu digne d'attention, et qui cependant, devint pour moi, dans la suite, le sujet de longues et graves inquiétudes. Je me décide à la raconter ici, non pas certainement à cause de son importance, puisqu'elle compte pour bien peu de chose dans les faits généraux de la journée, mais parce qu'au milieu de tous les traits de barbarie et de lâches vengeances qui signalèrent une si funeste époque, l'esprit se repose, avec une sorte de consolation, sur quelques exemples de douceur et de générosité, donnés par certains hommes qu'on en auroit jugé le moins susceptibles.

Dans le nombre des habitans de mon quartier qui, à toutes les crises de la révolution, s'étoient le plus fait remarquer par ce qu'on appeloit alors l'exagération du *patriotisme*, se trouvoit un artisan, *layetier* de profession, dont j'avois été à portée d'apprécier l'opinion et le caractère; je tairai le nom de cet homme;

seulement je dirai qu'il étoit voisin de ma demeure, et que plusieurs fois mon père lui avoit donné de l'occupation; dès l'origine, il avoit fait partie de la Garde nationale; long-temps il en avoit eu l'uniforme et l'équipement bien complet.

Or il est à remarquer qu'à cause des bons sentimens manifestés, après la journée du 20 juin, par la plus grande partie des Gardes nationaux de la Capitale, messieurs les révolutionnaires avoient depuis lors pris à tâche d'en déprécier l'habit, et de le rendre suspect aux yeux de la multitude. Ceux d'entre eux qui l'avoient eu précédemment affectoient de ne le plus porter. C'étoit sans doute pour se conformer aux vues de son parti, que, ce jour là, l'homme dont je viens de parler étoit revêtu d'un simple habit gris, sur lequel se croisoient le baudrier de son sabre et la banderolle de sa giberne. Coïffé d'un chapeau ordinaire, le fusil sur l'épaule, il étoit parfaitement dans la nouvelle tenue adoptée par les gens de sa trempe. Jusque là rien de mieux; mais ce que j'ai peine à concevoir encore aujourd'hui, c'est qu'avec ce grotesque équipage, il eût osé se présenter aux portes du château, et qu'il eût réussi à se glisser au milieu de nous.

Quoiqu'il en soit, comme jamais nous n'avions eu ensemble d'altercation sur la politique, et qu'aucun motif d'aversion ne l'éloignoit de moi, il m'aborde sans façon, me demande de mes nouvelles, et me dit que n'ayant rien de mieux à faire, il a voulu venir voir ce qui se passe aux Tuileries. Pendant qu'il me parloit, je vis bien que nous étions observés, avec quelque inquiétude, par nos camarades des autres bataillons; cette circonstance, jointe au peu d'attrait qu'avoit pour moi un pareil entretien, me décide à quitter mon homme, sous un prétexte quelconque, et je le laisse seul se promener en long et en large, dans la cour où je l'avois rencontré. A peine l'ai-je abandonné, que les jeunes gens des Filles Saint-Thomas accourent me questionner sur son compte; ils me témoignent la méfiance que leur a inspirée la vue d'un tel personnage; ils me pressent de leur faire connoître ce que je sais de lui. Je ne pouvois en conscience le leur désigner comme un royaliste, étonné moi-même de sa présence dans le château, je crus devoir ne leur rien cacher de la mauvaise opinion de l'individu. C'en fut assez pour que sur le champ ils conçussent et m'annonçassent l'intention de l'éconduire, intention dont je me gardai bien de les détourner, et qui ne tarda pas d'être exécutée : deux d'entre eux se détachent, le joignent, et après une courte explication, l'invitent à sortir des cours; sur son refus, ils le prennent à droite et à gauche par les bras, le conduisent à la porte, la font ouvrir, et la referment sur lui.

Ainsi que je l'ai fait remarquer plus haut, cette petite aventure, au moment où elle eut lieu; ne fit sur moi qu'une médiocre impression; je me contentai d'en rire avec mon camarade; mais deux jours après, lorsque l'on commença dans les sections à rechercher ceux qui avoient été au château; pour défendre la famille Royale; plus tard lors des massacres de Septembre; enfin pendant deux années entières de terreur, et jusqu'à l'époque fameuse du 9 thermidor (27 juillet 1794), qu'on juge à quel point je dus appréhender, non pas seulement une délation, mais même un simple indiscrétion, de la part de cet homme ! N'avois-je pas toute raison de craindre qu'il n'eût sur le cœur une pareille avanie, et qu'il ne me soupçonnât beaucoup d'avoir contribué, par mon témoignage, à la lui faire essuyer? Au point où en étoient les choses; un seul mot échappé de sa bouche eût suffi pour m'envoyer à l'échafaud (1). Et cependant il eut, je puis le

(1) Un décret de la Convention prononça la peine de mort contre ceux qui s'étaient trouvés réunis en armes, au château des Tuileries, dans la nuit du 9 et dans la journée du 10 août. Il suffisait, à cet égard, de constater l'identité de l'individu. Ce fut sur ce motif que périrent beaucoup de personnes dénoncées et traduites devant le tribunal révolutionnaire, entre autres l'un de mes amis, le jeune *de Courchamp*, canonnier de la Garde nationale de mon quartier, dont j'aurai occasion de parler dans la suite de cet écrit. Bien que, six jours après le 10 août, j'eusse été assez heureux pour me sauver de Paris, d'une manière presque miraculeuse, je n'avais pas voulu pourtant sortir du royaume, dans la crainte où j'étais de compromettre l'existence de mes chers parens; ils n'en furent pas moins en arrestation pendant près d'une année, moi-même je fus recherché et poursuivi; l'un des griefs allégués contre nous, était ma présence au château, lors de la funeste journée; toutefois nos persécuteurs, c'est-à-dire les membres du Comité révolutionnaire de la Section, ne purent prouver le fait, et cela d'après le silence vraiment généreux de l'homme qui,

dire, la magnanimité de garder, à cet égard, un inviolable secret. C'est que, comme beaucoup d'autres gens de sa classe, il n'avoit été que séduit, entraîné par la lecture d'écrits séditieux et par de mauvaises compagnies ; c'est qu'au fond de ce cœur il restoit encore quel-

durant tout ce temps, eut, pour ainsi dire, ma vie entre ses mains.

Une circonstance que je ne puis me rappeler sans effroi, c'est celle de la mort de ce pauvre *de Courchamp;* elle eut lieu dans le courant du mois de janvier 1794 : à cette époque, j'étais à la suite de l'armée des Alpes à Grenoble, d'où bientôt après je fus obligé de me sauver, pour aller chercher un asile dans les montagnes du Vivarais ; chaque numéro du *Moniteur* nous apportait une liste de victimes dont je parcourais les noms avec la plus cruelle anxiété, tremblant toujours d'y trouver ceux de mon père et de ma mère ; (un jour, il m'arriva de compter à la fois *seize* personnes, toutes de ma connaissance et de nos plus proches voisins ;) la feuille qui m'apprit la nouvelle de la triste fin de ce bon jeune homme, contenait seulement son nom et celui de trois autres victimes, le tribunal de sang n'en avait désigné que quatre pour ce jour là : par un rapprochement extraordinaire, et qui me frappa, comme il avait dû le frapper lui-même, l'un de ceux en compagnie de qui il marcha au supplice, portait précisément le même nom que moi....

ques principes de religion, quelques germes de *charité chrétienne.*

Plus heureux que ses compagnons, il survécut à toutes les crises dans lesquelles disparurent successivement la plupart de nos persécuteurs. Après une absence de plus de sept années, lorsque enfin je pus rentrer dans mes foyers, il existoit encore. Je pensai, en le revoyant, que peut-être la divine justice lui avoit tenu compte de sa conduite envers moi. Enveloppé depuis dans une mesure générale qui, à la fin de l'année 1800, fit exiler de Paris plusieurs hommes signalés dans les sections, comme anciens *terroristes*, j'ignore sa destinée ultérieure. Quoi qu'en ait pu ordonner la Providence, j'ai dû consigner ici un fait entièrement à son honneur, et dont les annales de ce temps malheureux n'offrent, hélas! qu'un bien petit nombre d'exemples! Je reviens à mon récit.

De six à huit heures du soir.

Il pouvoit être six heures après midi, lorsqu'eut lieu la petite scène que je viens de décrire. A cette époque de l'année, la décroissance des jours commence à être sensible ; cependant, lorsque le temps est beau, on ne compte guère encore que huit heures de nuit, c'est-à-dire depuis huit heures du soir, à peu près, jusque vers quatre heures du matin. Or, une remarque à faire, c'est que, pendant ces deux journées, la sérénité du ciel fut constante, et ne cessa de contraster avec l'état obscur et orageux de l'atmosphère politique dont nous étions environnés. Nous n'eûmes donc plus, à partir de ce moment, qu'environ deux heures de jour; nous les passâmes assez tranquillement en conversations et en promenades, tant dans les cours que dans les galeries inférieures, du côté de la grande terrasse, et sans jamais franchir le seuil du palais (1). S'il m'eût été possible de m'abuser en-

(1) Le jardin étoit fermé au public, depuis que le Roi avoit été insulté en s'y promenant avec sa famille ; il n'y avoit que la terrasse *des Feuillans* qui fût restée libre ; les révolutionnaires y formoient des groupes turbulens et séditieux, surtout pendant les séances de l'assemblée ; ils avoient tendu, dans toute la longueur, un ruban *tricolor*, à hauteur d'appui; des écritaux, placés sur ce ruban, de distance en distance, portoient une inscription qui n'étoit, pour le malheureux monarque, qu'une nouvelle insulte.

-core sur la proximité, comme sur l'étendue de la tempête qui nous menaçoit, les observations que je pus faire pendant ce temps auroient suffi pour dissiper mon erreur, et pour me faire apprécier dès lors tout le danger de notre situation.

D'après ce que j'ai dit ci-dessus, on a pu voir que, dans la résolution qui nous avoit conduits aux Tuileries, mon camarade et moi, nous avions été guidés uniquement par une idée vague et indéfinie des périls auxquels étoient exposés le Roi et toutes les personnes de sa famille. Du reste, notre position particulière, ainsi que nos relations les plus habituelles, ne nous avoient nullement mis à même d'être initiés dans les secrets des conspirateurs, non plus que dans les moyens de défense qu'on pouvoit songer à leur opposer. Nous nous contentions de penser qu'à la vérité la circonstance étoit fort critique, mais que sans doute on ne négligeroit aucune des mesures nécessaires pour repousser une nouvelle attaque, de l'espèce de celle du 20 juin ; qu'à cet effet on réuniroit le plus qu'il seroit possible de sujets fidèles et d'hommes de bonne volonté ; que des chefs, également recommandables par leur dévouement et par leur expérience, seroient chargés de diriger l'ensemble des opérations, et qu'enfin il seroit fait, autour du château, des dispositions militaires, telles que paroissoit l'exiger la nature de l'entreprise à laquelle on s'attendoit.

C'étoit dans la vue de concourir à l'exécution d'un si louable dessein, c'étoit pour augmenter d'autant le nombre des défenseurs du trône, que nous nous étions décidés à venir; nous n'imaginions pas autre chose, sinon que nous serions là confondus dans la foule, et qu'au besoin nous agirions de tous les moyens dont notre force et notre jeunesse nous permettoient de disposer. Seulement, un espoir éloigné se présentoit à notre esprit : il pouvoit arriver qu'en ce moment décisif, placés plus près de la personne sacrée du Roi, nous eussions le bonheur de nous distinguer sous ses yeux, par quelque action remarquable; à ce prix, il n'y avoit pas de chance, si dangereuse qu'elle pût être, que nous ne fussions déterminés à courir.

Cependant la nuit approchoit, et, quoique

les rapports qui continuoient de nous parvenir de divers quartiers de Paris ne fussent rien moins que rassurans, je ne voyois pas se grossir la troupe des volontaires stationnés avec nous dans les cours.

Aux fenêtres des appartemens du rez de chaussée, donnant sur les galeries et le jardin, nous apercevions de temps à autre quelques Dames attachées au service de la Reine et de ses Enfans; leurs physionomies tristes et abattues annonçoient ouvertement l'inquiétude et l'effroi dont elles étoient tourmentées.

Un long entretien avec plusieurs Officiers du régiment des Gardes-Suisses acheva de me donner une idée plus juste de la nature ainsi que de l'issue probable des événemens sinistres que, de moment en moment, nous devions nous attendre à voir se passer sous nos yeux.

Je vais rapporter ici les détails de cette conversation intéressante au dernier point à cause de la gravité de la circonstance et des scènes déplorables dont elle fut presque immédiatement suivie. En cela je crois remplir un devoir pénible, il est vrai, mais qui cependant se trouve mêlé d'une bien grande satisfaction : depuis près de trente ans je n'ai jamais été à portée de témoigner, autrement que par mes discours, les sentimens de vénération dont je suis pénétré envers cette nation généreuse, envers ces vieux alliés de mon pays, qui, les derniers, eurent la gloire de combattre et de mourir, sur les marches du trône, pour la défense de nos Princes légitimes : il m'est doux de pouvoir enfin publier, célébrer, pour ainsi dire, autant que me le permettent mes foibles moyens, l'admirable constance, l'intrépidité, le dévouement héroïque d'un corps dont la mémoire doit vivre éternellement dans les annales de l'honneur et de la fidélité (1).

On ne s'étonnera pas, je pense, qu'à l'âge où j'étois, de telles particularités se soient gra-

---

(1) Puisqu'en France on est convenu d'attacher à la couleur *rouge* des idées d'illustration et de gloire, puisque cette nuance a d'abord été adoptée pour l'*ordre de St.-Louis*, et ensuite (par imitation) pour celui de la *Légion-d'Honneur*, on ne pouvoit mieux faire que de la consacrer aussi à l'uniforme des régimens Suisses: ces troupes là sont *couvertes d'honneur*, de la tête aux pieds.

vées dans ma mémoire d'une manière presque ineffaçable. Aujourd'hui encore je les ai présentes à l'esprit, comme si la chose se fût passée hier. Je vois d'ici, et la place où nous étions rangés à des distances inégales les uns des autres (c'étoit dans un angle des petits bâtimens situés à droite de la principale cour et faisant face au château), et les barrières de bois qui servoient de siége à la plupart d'entre nous, et tout l'ensemble de ce groupe composé de douze à quinze personnes dont MM. les Officiers Suisses formoient à-peu-près les deux tiers. Je n'ai rien oublié de cette scène : je me représente la contenance calme, plutôt gaie que triste de ces militaires, presque tous jeunes gens ou au moins dans la force de l'âge (1). A leur tête, je distingue surtout un Officier qui me paroît un peu plus âgé que les autres, et

---

(1) Je n'en connoissois aucun, si l'on excepte *M. Palard*, que j'avois quelquefois rencontré dans le monde. Quant à *M. de la Corbière*, avec qui j'avois eu quelques relations, et dont j'aurai occasion de parler dans la suite de mon récit, il venoit d'entrer au régiment, et montoit, ce jour là, une de ses premières gardes ; mais il ne se trouvoit pas dans le moment avec nous.

qui, placé au centre de notre petit cercle, dirige la conversation, en ayant l'air de s'exprimer au nom de tous ses camarades présens et absens (1). Voici en substance le discours qu'il nous tint : on jugera s'il n'étoit pas de nature à produire sur moi l'impression la plus vive et la plus durable.

Je venois d'exprimer ma ferme confiance dans l'efficacité des mesures prises pour la défense du château ; j'annonçois hautement l'espoir d'un succès de notre côté, si les Jacobins se hasardoient à faire une attaque : «Monsieur,
» me répliqua l'Officier dont je parle, ne vous
» abusez pas sur la réalité de notre situation ;
» elle est plus critique que vous ne pensez ;
» à la vérité, on doit compter sur le dévoue-
» ment des Gardes Suisses et de beaucoup de
» fidèles sujets du Roi qui sont venus ici se
» ranger autour de sa personne ; mais il faut
» considérer en même temps que nous ne
» sommes tous ensemble ni assez nombreux,

---

(1) Un des jeunes gens qui étoient là, et à qui je demandai le nom de cet Officier, me dit qu'il s'appeloit *M. De Luze*.

» ni dans une position assez forte, pour résis-
» ter à une attaque dans laquelle, soit par sé-
» duction, soit par violence, on entraînera
» sans doute un grand nombre d'habitans des
» faubourgs et des quartiers les plus peuplés
» de la ville. Remarquez, Monsieur, combien
» il est facile de s'approcher impunément de
» l'enceinte et même des murs du Palais, par
» quelle quantité de rues et de passages on y
» aboutit à couvert de tous côtés; assaillis par des
» masses qui se renouvelleront de moment en
» moment, comment défendrons-nous à la fois
» tant de points accessibles ? Si notre régiment
» étoit en rase campagne, qu'il pût former un
» carré au centre duquel seroit placée la famille
» Royale, certainement on n'oseroit pas de
» même s'approcher de nous, et du moins,
» avant de nous laisser aborder, serions-nous
» sûrs de faire bien du chemin ? Cependant
» une chose essentielle nous manque ; c'est du
» canon ; nous en avions douze pièces ; on est
» venu à bout, sous de vains prétextes, de les
» enlever au régiment. A ce sujet, Monsieur,
» voyez de quel esprit sont animés les hom-
» mes qui ont fait adopter une pareille me-

» sure, et qui aujourd'hui ameutent contre
» nous le peuple de la Capitale. N'est-il pas dé-
» montré jusqu'à l'évidence que, depuis trois
» ans, un plan infernal a été conçu par eux pour
» détrôner les *Bourbons*, et pour établir je ne
» sais quelle nouvelle forme de gouvernement
» sur les ruines de la monarchie? L'exécution
» de ce plan se poursuit sans relâche, avec
» une audace et une perfidie remarquables :
» c'est ainsi que d'abord, au 14 juillet, on a
» débauché le régiment des Gardes françoises
» dont la disparution affoiblit d'autant la Mai-
» son militaire du Roi; qu'ensuite, au 6 oc-
» tobre, les quatre compagnies des Gardes-
» du-Corps ont été anéanties ou licenciées d'un
» seul coup. Il n'y a pas encore deux mois,
» la garde appelée *Constitutionnelle*, qui ve-
» noit seulement d'être organisée, a été éga-
» lement dissoute. Le malheureux Monarque
» en est donc réduit à n'avoir, pour sa dé-
» fense, d'autre troupe réglée que la nôtre!
» Et nous-mêmes, n'avons-nous pas été en
» butte à toutes sortes de piéges? Que n'a-t-on
» pas fait, dans le principe, pour corrompre
» aussi nos soldats? Leur fidélité, leur excel-

» lente discipline ont résisté à tous les genres
» de séduction. On a cherché alors, sous dif-
» férens motifs, à nous éloigner de la per-
» sonne du Roi ; nous nous y sommes cons-
» tamment refusé; *nos capitulations* à la main,
» nous avons prouvé que, du moment où
» l'on nous sépareroit de lui, nous cesserions
» d'exister comme régiment, que, par ce seul
» fait, notre corps seroit dissout. En dernier
» lieu, une condescendance déplacée et tout-
» à-fait impolitique a permis que 300 hom-
» mes fussent détachés pour aller en Norman-
» die, avec la mission, vraie ou fausse, de pro-
» téger la circulation des grains; il est bien
» certain qu'une telle mesure a eu principa-
» lement pour but de diminuer notre force
» disponible en cas d'événement; c'est, dans
» la position où nous sommes, une circons-
» tance très-fâcheuse ; si aujourd'hui ce même
» détachement, réuni à ce que nous avons
» encore de soldats à la caserne de Courbevoie,
» pouvoit marcher au secours du château,
» nous aurions quelques moyens de plus de lut-
» ter contre les factieux, et de leur faire du
» moins acheter chèrement la victoire qu'ils
» se flattent de remporter sur nous.

» Cependant, Monsieur, n'allez pas conclure
» de tout cela, que ni moi, ni aucun de mes
» camarades, nous ayons l'idée de céder sans
» combat, ou de n'opposer qu'une foible ré-
» sistance à la foule, si nombreuse qu'elle soit,
» des sujets révoltés qui menacent en ce
» moment d'attenter à la liberté et à la vie de
» leur Prince. Nous avons promis de le dé-
» fendre envers et contre tous; nous serons
» fidèles à nos engagemens. Quelqu'infériorité
» que présente la position où nous sommes,
» peut-être y suppléerons-nous par notre cou-
» rage, par notre résolution et par l'habileté de
» nos manœuvres. Je vous faisois observer tout-
» à-l'heure que, depuis un certain temps, le
» régiment n'a plus d'artillerie à sa disposition;
» mais le Commandant de votre Garde natio-
» nale a fait entrer ici une demi-douzaine de
» pièces de campagne qui déjà sont placées dans
» les cours; si vos canonniers, dont le corps
» en général est mal disposé, ne se conduisent
» pas comme ils doivent le faire, nous nous
» déciderons à employer la force pour leur
» ôter le maniement des pièces, et nous-mêmes
» nous nous chargerons de les diriger; les artil-

» leurs qui servoient les nôtres sont encore tous
» au régiment; nous saurons au besoin les re-
» trouver dans les Compagnies où on les a in-
» corporés; l'ennemi apprendra qu'il n'a point
» affaire ici à des lâches, ni à des hommes qui
» ignorent leur métier. En un mot, nous con-
» noissons nos devoirs; nous les remplirons
» dans toute leur étendue; on pourra bien nous
» écraser par l'immense supériorité du nombre;
» mais nous ne plierons jamais, et *nous nous*
» *ferons tuer jusqu'au dernier*, plutôt que de
» manquer à l'honneur et de trahir la sainteté
» de nos sermens ».

Telles furent (je le déclare ici dans toute la sincérité de mon âme) et les idées dont nous fit part ce brave et loyal Officier, et, en grande partie, les expressions même dont il se servit en nous parlant. Je puis avoir oublié quelque chose, mais j'ai rendu littéralement tout ce qui, dans son discours, avoit le plus frappé mon imagination. Plût à Dieu qu'à cette époque toute l'armée, tous les Français eussent pensé et parlé comme lui!

De quelque attention, au surplus, que m'eussent paru dignes son opinion et ses avis, j'étois loin de croire que l'héroïque résolution qu'il venoit de nous annoncer dût être mise si promptement à l'épreuve, et que le moment fût proche où la vérité en demeureroit incontestablement démontrée. Encore quelques heures, et tous ces braves gens que je voyois là pleins de vie et de santé, qui s'entretenoient avec nous paisiblement, sans passion, dans le calme d'une bonne conscience et d'un courage tranquille et réfléchi, devoient succomber victimes de leur admirable dévouement! Quel sujet de réflexions tristes et douloureuses, mais aussi quel motif de triomphe et de gloire pour le pays auquel appartiennent ces généreux martyrs d'une fidélité si rare dans le malheureux siècle où nous vivons (1)!

(1) Pendant long-temps je n'avois osé me flatter que l'Officier dont je viens de rapporter la conversation, eût été sauvé de l'horrible boucherie qui eut lieu dans la matinée du lendemain. Une note insérée, il y a trois ans, dans le *Moniteur*, m'a redonné, à cet égard, quelques motifs d'espérance : elle contient les noms de neuf Officiers du régiment des Gardes Suisses échappés à l'affaire du 10 août 1792, et encore existans à la date du 10 septembre 1817. Dans le nombre, j'ai surtout re-

De huit heures à minuit.

La fin du jour interrompt notre entretien; des Officiers supérieurs viennent dans les cours, et font opérer aux troupes divers mouvemens. Ces nouvelles dispositions paroissent avoir pour but de nous mettre en mesure de résister à une attaque nocturne; leur résultat, quant à ce qui nous concerne, est d'assigner notre place dans la cour à droite, où nous nous rassemblons au nombre d'une trentaine de Gardes nationaux de diverses Sections, tous venus comme simples volontaires (1). On nous réunit

marqué celui de *M. Fr. de Luze.* Mais il y avoit, je crois, dans le corps, deux Officiers du même nom ; d'un autre côté je n'ai pas une entière certitude que ce nom là fût celui de mon interlocuteur..... Si pourtant c'étoit le même! si la Providence avoit permis qu'il eût survécu jusqu'à présent, et que cette relation, parvenant sous ses yeux, rappelât à sa mémoire une circonstance si frappante à-la-fois et si honorable pour lui, quelle seroit ma satisfaction et ma joie de retrouver, après un si long intervalle, un homme à qui j'ai voué pour toujours les sentimens de l'admiration la plus constante et la plus méritée !

(1) Notre bataillon (celui des *Minimes*), en avoit lui seul fourni dix à douze. A ce sujet, je ne puis m'empê-

à une Compagnie de fusiliers du régiment des Gardes Suisses, dont notre peloton forme la

cher de consigner ici quelques réflexions qui, depuis le retour de nos Princes, se sont présentées à mon esprit, chaque fois qu'il m'est arrivé de traverser cette place, pour moi si fertile en souvenirs. Le terrain sur lequel nous étions se trouve situé précisément devant la partie du château où plus tard on a ménagé l'emplacement d'un grand corps-de-garde presqu'attenant au pavillon Marsan : par quel contraste aussi heureux qu'extraordinaire, ce même corps-de-garde, après la restauration, a-t-il servi d'abord au détachement des *Gardes nationaux*, et ensuite au poste des *Suisses de la Garde royale*, chaque jour de service aux Tuileries....? Ainsi donc, dès le lendemain de la funeste journée, nous eussions pu dire avec raison :

Multa renascentur quæjàm cecidére....

Mais pour un petit nombre de sujets fidèles, à qui Dieu réservoit d'être les témoins d'un si fortuné changement, combien d'autres (sans parler même des victimes de cette affreuse époque) étoient condamnés à fermer les yeux, avant que la France en recueillît le bienfait ! On peut remarquer que cette période de vingt-deux années forme à peu près le tiers de la durée ordinaire de la vie de l'homme. C'est donc pour moi et pour les personnes placées dans une situation semblable à la mienne, un sujet continuel d'actions de grâces, que la faveur qui nous a été accordée, de vivre assez de temps pour voir s'accomplir les desseins miséricordieux de la Pro-

gauche; nul de nous n'a de grade; nous nous trouvons donc, par le fait, sous le commandement des Officiers de cette Compagnie, et loin d'en prendre de l'ombrage, c'est pour nous, au contraire, un motif de confiance et de sécurité. L'emplacement où nous sommes (depuis lors beaucoup aggrandi dans tous les sens) n'offroit pas même la moitié du terrein aujourd'hui compris entre le château, la grande grille, la galerie neuve et la première des rangées de grosses chaînes, qui divisent la cour actuelle en plusieurs parties; composée en tout d'à peu près cent-vingt hommes, notre Compagnie, décrivant une diagonale, occupe cet emplacement dans presque toute sa longueur; devant nous est une pièce de campagne servie par des canonniers qui paroissent disposés à faire leur devoir.

vidence sur notre pays! Après avoir assisté à l'une des scènes les plus lamentables de cette révolution souillée de tant de forfaits et de sang, il nous a été permis enfin de jouir du spectacle d'un nouvel ordre de choses, qu'en dépit de toutes les déclamations de certains orateurs, il m'est doux d'appeler de son nom véritable, c'est-à-dire de celui de *contre-révolution*.

(*N. B.* Voir les réflexions qui terminent ce récit).

Cette pièce étoit l'une des *sept* qu'on avoit fait entrer dans les cours du château; six autres étoient en position; savoir : trois dans la cour Royale, deux dans la cour des Princes, et une dans la cour Marsan. Il se peut qu'on en eût placé deux ou trois encore en-dedans du jardin; je ne parle ici que de celles que je fus à portée de remarquer.

On a vu, par les détails qui précèdent, que depuis long-temps le régiment des Gardes Suisses étoit dépouvu d'artillerie. Les canons qui se trouvoient là appartenoient tous à la Garde nationale; peu de temps après sa création, chacun des bataillons de cette Garde en avoit reçu deux, ce qui, pour l'ensemble des soixante bataillons, formoit une artillerie de cent-vingt pièces. Mesure très-dangereuse, et qui eut de funestes résultats, parce qu'un pareil service, qui, en général, ne convenoit point aux membres délicats et aux bras peu robustes des paisibles Bourgeois de la Capitale, fut abandonné, sauf un petit nombre d'exceptions, aux mains d'ouvriers forgerons, charrons, serruriers et autres de même classe. Avec un peu de sagesse, on eût pu prévoir que cette portion des habitans de Paris, dépourvue d'instruction et de lumières, endurcie d'ailleurs, au moral comme au physique, par la nature de ses travaux habituels, seroit, bien plus que tout autre, susceptible de se laisser égarer et pousser à de coupables excès. Aussi les personnages influens qui, dans l'origine, présidèrent à la formation de la Garde nationale, et particulièrement son Général en chef, méritent-ils, à mon avis, de justes reproches, pour avoir organisé au sein de cette Garde un corps redoutable, que plus tard ils ne furent pas les maîtres de diriger. Ce fut sottise à eux de ne pas songer d'avance que, d'une part, en proclamant cette absurde maxime : « *L'insurrection est le plus saint des* » *devoirs* », de l'autre, en confiant à des hommes grossiers une arme terrible et presque toujours décisive, ils ne faisoient que préparer, pour les factions nées et à naître, un puissant auxiliaire, un moyen à-peu-près sûr de comprimer, de maîtriser au besoin la seule force sur laquelle le Gouvernement pût s'appuyer désormais pour le maintien de l'ordre, je veux dire tout ce que l'on appeloit alors *l'Armée Parisienne.*

Une circonstance qu'il faut rappeler encore,

c'est qu'à l'expiration des fonctions de *Généralissime*, exercées par M. *de la Fayette*, pendant les trois premières années de la révolution, les puissances du moment avoient fait décider (dans la vue de prévenir l'abus qui pouvoit résulter de la remise d'une autorité si étendue, entre les mains d'un seul homme), qu'à l'avenir le commandement suprême de la Garde nationale seroit confié successivement et à tour de rôle, aux six Chefs de légion (1). Le service de l'armée devoit se partager entre eux, à raison de deux mois pour chacun.

C'étoit, au moment dont je parle, le tour de M. *de Mandat*, ancien Capitaine aux Gardes Françaises et chevalier de Saint-Louis. Je ne crois pas m'écarter de ma narration, en payant ici le tribut d'éloges dû à la mémoire de ce brave et infortuné Commandant : bien que je ne fisse point partie de sa légion, il

---

(1) Les soixante bataillons étoient divisés en six légions, chacune de dix bataillons : ces légions étoient commandées : la première par M. *de Belair*, la deuxième par M. *Aclocque*, la troisième par M. *de Romainvilliers*, la quatrième par M. *de Mandat*, la cinquième par M. *Pinon*, la sixième par M. *de la Chesnaie*.

étoit cependant le seul des Officiers supérieurs de la Garde nationale que je connusse; mes relations de voisinage avec son fils (1) m'en avoient fourni l'occasion; j'avois été ainsi à portée de le voir assez souvent, et d'apprécier ses excellentes qualités. Plein de loyauté, d'honneur et de droiture, distingué surtout par une admirable charité envers les pauvres, M. de Mandat sembloit, depuis sa retraite du service, s'être voué exclusivement à des œuvres de bienfaisance; possesseur d'une belle fortune, il consacroit à ce noble usage une partie de ses revenus; il étoit l'un des fondateurs et des principaux soutiens de la Société philantropique. On a dit qu'il avoit adopté les idées nouvelles; il se peut que, comme beaucoup d'honnêtes gens, qui dans l'origine avoient eu la bonté de croire à la possibilité d'une amélioration de système et à la réforme de quelques abus, M. de Mandat ne se fût point prononcé dans un sens tout-à-fait contraire aux opinions

(1) Ce dernier, également Officier aux Gardes, mais encore en activité lors de la dissolution du régiment, demeuroit *au Marais*, dans la maison qu'habitoit ma famille.

de ceux qui commencèrent la révolution; mais il en détestoit les excès; et ce que je puis certifier, c'est que, bien loin d'applaudir aux affreux moyens employés pour la faire triompher, il ne cessa jamais d'être au fond de l'âme pénétré des plus purs sentimens d'amour et de fidélité envers nos légitimes Souverains. Plusieurs fois, avant l'horrible catastrophe où il en donna une dernière et invincible preuve, j'avois pu juger par moi-même de l'étendue et de la vérité de son attachement à la famille Royale; j'en demeurai surtout convaincu dans une de ces circonstances (trop rares pendant ce temps malheureux) où l'on se flatta quelques instans de voir la France entière tomber aux pieds de son Roi: c'est lorsque, après le retour de Varennes, plusieurs des membres les plus marquans de l'Assemblée Constituante parurent disposés à rentrer dans la voie monarchique, et à rendre à Louis XVI une autorité dont il ne se fût servi que pour opérer le bien de ses peuples. Je me souviens d'avoir vu M. de Mandat saisir avec une sorte d'enthousiasme cette lueur d'espérance; des larmes d'attendrissement couloient de ses yeux; hélas!

combien il s'abusoit, et de quel affreux réveil fut bientôt suivi ce songe d'un moment!

Dans le courant de l'après-dîné, je m'étois rencontré avec M. de Mandat fils, venu de son côté aux Tuileries, sans que nous nous fussions communiqué l'un à l'autre notre résolution. J'avois appris de lui la présence de son père au Château, en qualité de Commandant en chef des forces réunies pour la défense du Roi. Entre dix et onze heures du soir, tout paroissant tranquille au dehors, les hommes de notre Compagnie étant dispersés dans la cour, et nos armes dressées en faisceaux, j'accepte la proposition qu'il me fait de venir un instant avec mon camarade au bureau de l'État-major général : nous trouvons là, non-seulement M. de Mandat père, qui nous accueille avec empressement, mais plusieurs autres personnes de connoissance (1). M. de

---

(1) Dans le nombre je citerai particulièrement *M. de Montjourdain* fils, Administrateur des Domaines, commandant l'un des bataillons de la quatrième Légion (faubourg Saint-Denis) *protestant*, de religion, et toutefois excellent royaliste. Il a péri sur l'échafaud, pendant la Terreur.

Mandat a la bonté de m'adresser directement la parole; il nous donne des motifs de sécurité, en nous annonçant qu'il a fait de bonnes dispositions et qu'il compte sur le succès; que des ordres sont donnés, afin qu'à la pointe du jour, tous les bataillons se mettent en marche de leurs quartiers respectifs vers les Tuileries; que les factieux, s'ils osent s'avancer contre le Château, le trouveront environné de toutes parts d'une force insurmontable, etc. — Au même instant, un simple Grenadier de la Garde nationale, *M. Dubut de Longchamp*, que je connoissois seulement de vue, et qu'on m'avoit dit être un Colon de Saint-Domingue, demande aux personnes réunies dans la pièce quelques momens de silence; il prend un papier déposé sur le bureau; il nous annonce que c'est un projet de pétition à présenter à l'Assemblée nationale; que le lendemain même, à la descente de la garde, il faut que nous nous rendions tous ensemble à la barre de cette Assemblée, et que là nous insistions avec chaleur, pour que, sans nul délai, il soit fait droit à notre juste demande. Je n'ai retenu que le sens de cette allocution courte, mais énergique,

dont *M. Dubut de Longchamp* nous fait immédiatement la lecture, en la déclamant avec enthousiasme et de toute la force de ses poumons (1). « L'arrivée en nos murs des Fédé-
» rés, et surtout des prétendus Marseillais, a
» été le signal de désordres, d'attentats multi-
» pliés qui ont plongé la Capitale dans la cons-
» ternation et l'effroi.. Déjà le sang a coulé; déjà
» plusieurs de nos camarades, de nos frères
» sont tombés victimes d'une lâche et crimi-
» nelle agression.... Que font ici ces étrangers
» dont la présence alarme nos familles? Pour-
» quoi voyons-nous prolonger indéfiniment
» leur séjour au milieu de nous?.... La mission
» pour laquelle ils avoient été appelés est rem-
» plie.... L'Assemblée nationale ne peut refuser
» aux honnêtes et paisibles habitans de Paris
» une mesure que réclame impérieusement la
» sûreté d'une si nombreuse population.......
» Nous demandons que, séance tenante, il
» soit rendu un décret qui ordonne le départ

(1) On nous dit là que *M. Dubut de Longchamp* lui-même étoit l'auteur de cette pièce remarquable. *M. Peltier*, dans son *Histoire du 10 août* (4.e édition, page 135 du 1.er volume), l'attribue à *M. Dupont de Nemours*.

» immédiat de ces artisans de discorde et de
» troubles.... Nous le déclarons ici hautement:
» s'il arrivoit, contre notre attente, qu'une ré-
» clamation si légitime ne fût point écoutée,
» notre résolution est prise d'obtenir justice
» par nos propres moyens..... Au sortir de cette
» salle, nous marcherons en corps à la caserne
» où sont réunis ceux que nous considérons
» comme les ennemis de la paix publique.....
» Nous saurons bien trouver en nous-mêmes
» la force nécessaire pour les éloigner..., etc. »

Cette lecture, comme on l'imagine, est applaudie de nous tous; *M. Dubut* nous propose d'ajouter nos signatures à celles dont la pièce est déjà couverte; chacun de nous le fait sans hésiter (1).

(1) Un semblable document, s'il fût tombé entre les mains du parti jacobin, eût bien été encore la liste de proscription la meilleure qu'il pût desirer; non contens d'y mettre leurs noms, beaucoup d'entre nous y avoient ajouté l'indication de leurs demeures. Il dut rester jusqu'au dernier moment sur le bureau de l'État-major; j'ignore comment et par quelles mains il en fut d'abord soustrait, puis sans doute détruit, de manière à ne pas laisser de traces; mais dans l'incertitude où se trouvoit à cet égard la plus grande partie des signataires, on doi

Il étoit plus d'onze heures lorsque nous quittâmes le bureau de l'Etat-major pour rejoindre le détachement de la cour des Suisses. Depuis ce moment, et pendant une heure environ, la tranquillité du poste n'est pas autrement troublée. Les armes sont toujours en faisceaux ; nous allons et venons dans cette cour, dont la porte sur le Carrousel, restée entr'ouverte, donne à quelques personnes du dehors la facilité de venir nous voir et causer avec nous. C'est ainsi que, pour ma part, je reçois la visite d'un ancien et fidèle serviteur (1), envoyé par mon père, pour savoir de mes nouvelles et connoître ma position. Cependant tous les avis s'accordent à nous annoncer qu'il se prépare des choses sinistres, et que sans doute la nuit ne se passera point sans voir éclater l'orage amoncelé contre nous.

penser qu'il fut long-temps pour nous un juste sujet d'inquiétudes. Combien de victimes de plus auroient péri, si le Tribunal révolutionnaire l'eût possédé dans son greffe !

(1) Ce véritable ami, qui, dans les jours de la plus cruelle adversité, nous a donné des preuves d'un admirable attachement, existe encore, grâce à Dieu, au moment où j'écris.

DIX AOUT.

De minuit à cinq heures du matin.

L'horloge du château venoit de frapper minuit ; tout-à-coup nous distinguons dans l'éloignement le son lugubre du *tocsin* ; et bientôt après nous croyons entendre battre *la générale*. Ce bruit néanmoins, loin de causer parmi nous aucun désordre, est accueilli au contraire comme le signal d'une crise qui va mettre fin à notre état de perplexité. Chacun, à compter de cet instant, reste à son poste sans se permettre de s'en écarter à la moindre distance. Plusieurs fois on nous fait prendre les armes, puis les quitter de nouveau pour les placer en faisceaux ou à terre. De moment en moment nous nous attendons à recevoir quelque alerte sérieuse. Cependant l'agitation qui règne dans d'autres quartiers de Paris ne s'étend pas à celui des Tuileries. Non-seulement l'intérieur du palais et des cours continue d'offrir l'image du calme et d'un ordre parfait, mais le Carrousel même et les rues environnantes, parcourus, à ce qu'il paroît, par des piquets de Gendarmerie, ne présentent point de rassemblemens qui fassent craindre une attaque immédiate ou prochaine.

Tout le reste de la nuit se passe dans cette situation singulière. Enfin les premiers rayons du jour commencent à éclairer l'horison, et nous annoncent un aussi beau temps, mais peut-être plus de chaleur encore que nous n'en avions éprouvé la veille : il est quatre heures et demie environ.

C'est dans ce même instant qu'à l'Hôtel-de-Ville, par conséquent loin de nous et sans que nous puissions le soupçonner, les révolutionnaires préludent par un assassinat aux horreurs de cette sanglante journée.

Le malheureux M. de Mandat avoit quitté vers quatre heures les Tuileries, pour se rendre à la Municipalité de Paris, près de laquelle il étoit appelé sous le prétexte d'y concerter des mesures de sûreté publique. Le véritable motif de cette invitation n'étoit pas autre que le projet arrêté entre les chefs du complot de le faire périr, et d'arracher ainsi de ses mains l'ordre écrit *de repousser la force par la force*, qu'il s'étoit fait délivrer la veille par le Maire de Paris *Pétion*, pendant la visite de celui-ci au

Château. Toutefois, sous ce rapport, la faction commet un crime inutile : M. de Mandat n'avoit point sur lui cet ordre ; au moment de partir pour l'Hôtel-de-Ville, il avoit eu la prudence de le remettre entre les mains de son fils (1).

Peut-être déjà notre infortuné Commandant pressentoit-il le coup dont il allait être frappé. Cependant il avoit annoncé à son fils (qui me le redit presqu'au même instant) qu'il alloit s'occuper d'assurer la prompte exécution du plan de défense arrêté la veille ; que, pendant sa visite à la Municipalité, il feroit en

---

(1) Voyez, relativement à cette pièce importante, ce qu'en dit *M. Hue*, dans son ouvrage (2.e édition, page 285) ; cinq mois plus tard, lors du procès du Roi, le fils de la victime, qui s'en trouvoit dépositaire, offrit à *M. de Sèze* de la remettre aux Conseils choisis par Sa Majesté, afin qu'ils s'en servissent pour repousser victorieusement le grief intenté à ce malheureux Prince *d'avoir fait tirer sur le peuple*. Par un motif admirable de résignation et de générosité, Louis XVI refusa d'employer un tel moyen de défense ; il ne voulut pas qu'on produisît devant ses bourreaux cet écrit auquel déjà la mort de *M. de Mandat père* pouvoit être attribuée, et qui probablement, sans aucun avantage réel pour sa propre cause, eût compromis encore les jours de *M. de Mandat fils*.

sorte d'accélérer la marche des bataillons mandés au Château, et que tout de suite il reviendroit diriger, de ce point central, l'ensemble des opérations.

Mais, pendant la nuit, d'étranges changemens, que M. de Mandat ignoroit comme nous, s'étoient opérés dans le Conseil-général de la Commune. Les membres qui y siégoient la veille en avoient été tout d'un coup expulsés par la plus injuste et la plus violente usurpation; de nouveaux Commissaires, choisis parmi les Conjurés, s'étoient emparés de leurs places et délibéroient ouvertement dans la grand'salle; ceux-ci étoient vraiment l'*élite du crime;* il suffiroit de citer leurs noms pour rappeler le souvenir de tous les massacres, de toutes les horreurs qui, pendant les deux années suivantes, ont souillé si cruellement notre histoire.

C'est devant cet affreux Aréopage, qu'à son arrivée à l'Hôtel-de-Ville, M. de Mandat est introduit: on peut juger de l'étonnement et de l'effroi que lui cause l'aspect d'une pareille assemblée. Au lieu d'écouter ses demandes, on l'accable de tous côtés de questions, de reproches et d'injures; puis au milieu du tumulte et des cris, on décide *qu'il sera conduit à l'Abbaye*. En même temps, un geste du Président interprète le sens de cette décision, et donne le signal de sa mort; une troupe de sicaires l'entraîne hors de la salle; avant d'arriver jusqu'à la place, il tombe percé de coups, il expire sur les degrés!...

Comme je viens de le dire, cette scène horrible se passoit loin de nous; le désordre et l'épouvante qui commençoient à se répandre dans Paris ne nous permirent plus dès-lors d'avoir, sur ce qui se passoit à l'extérieur, aucune sorte de nouvelles (1). Quant à nos dispositions de défense, on peut juger que la conséquence nécessaire d'un tel événement fut d'en compromettre beaucoup le succès, et que, sous ce rapport, les Conjurés recueillirent sans doute de leur attentat un immense avantage.

Je n'ai jamais su entre quelles mains M. de Mandat avoit remis, lors de son départ du Château, le commandement supérieur des

(1) A cet égard, ma position particulière, pendant le reste du jour, fut telle, que je n'appris qu'assez tard dans la soirée la fin déplorable de *M. de Mandat*.

troupes qui s'y trouvoient rassemblées. Ce qui paroît certain, c'est qu'ayant annoncé l'intention d'y revenir immédiatement, il n'avoit dû prendre que des mesures provisoires. Après lui, sans doute, il restoit là plusieurs Officiers de la Garde nationale, d'un grade égal au sien, entre autres *M. Pinon* et *M. Aclocque*; il s'y trouvoit aussi, comme j'eus occasion de le remarquer, deux *Officiers généraux des Armées du Roi*, dont l'un m'étoit connu, au moins de vue; mais je ne saurois dire de quelle manière l'autorité sur les troupes étoit partagée entre les uns et les autres (1).

(1) A cette époque, et par suite de la démission de *M. de Wittinghoff*, Lieutenant-général, le commandement de la 17e Division militaire (*Paris*) avoit été confié à *M. de Boissieu*, Maréchal-de-camp, lequel étoit aux Tuileries, ayant sous ses ordres *M. de Menou*, aussi Maréchal-de-camp, ancien député à l'Assemblée Constituante. C'est ce dernier que j'avois souvent rencontré et que je reconnus dans les cours, où il parut plusieurs fois. On l'y verra figurer bientôt dans un moment tout-à-fait critique, et nous ordonner une manœuvre qui fut suivie des plus funestes résultats.... Il a, depuis, servi dans la révolution : parti avec l'expédition d'Égypte, il commanda en chef cette armée après la fuite de *Buonaparte* et l'assassinat de *Kléber*. Il fut en-

Cinq heures du matin

Cependant le jour est tout-à-fait venu. Nous profitons d'un moment de repos pour aller seulement jusqu'à la Cour Royale, où nous remarquons d'abord les préparatifs de défense qui ont été faits dès la veille au soir, et qui consistent dans la réunion de différens corps d'infanterie, *Suisses*, et *Gardes nationaux*, rangés à droite et à gauche de la porte d'entrée, ainsi que dans le placement de trois pièces de campagne en position au milieu de cette cour et pointées directement sur la porte. Il est cinq heures. En cet instant, mon camarade L... et moi, nous nous trouvions, avec M. de Mandat fils, en face du pavillon du milieu, presque sous le balcon de la grande fenêtre qui éclaire de ce côté la pièce appelée aujourd'hui le *Salon des Maréchaux*. Tout-à-coup une sorte d'agitation bruyante, mais qui n'a rien d'alarmant, se

---

suite employé dans le Piémont, en qualité de gouverneur; je crois même qu'il est mort à Turin. C'étoit un homme à jouer toutes sortes de rôles. Il s'étoit fait musulman au Caire, et y avoit pris le nom d'*Abdallah-Menou*.

manifeste à l'extrémité de la cour, près du Carrousel; beaucoup de personnes viennent vers nous à pas précipités; tous les yeux se dirigent sur cette même fenêtre dont je viens de parler; et lorsqu'à notre tour nous levons la tête pour découvrir ce qui s'y passe, nous apercevons *le Roi* s'avançant jusqu'au balcon, puis s'y arrêtant et promenant de là ses regards sur la foule qui remplit la cour...

J'ai encore dans la mémoire tous les traits, tout l'ensemble de la personne de cet excellent Prince : je le vois, tel qu'il s'offrit à nos yeux, en ce moment où, pour la dernière fois, il put entendre l'expression de la véritable *opinion publique* (je veux dire celle de tous les Français amis de la paix et du bon ordre, dont le sceptre légitime des *Bourbons* sera toujours la meilleure garantie). Revêtu d'un habit violet uni, conservant encore sa coîffure de la veille, dont un côté seulement paroît dérangé; le teint animé; les yeux gros et rouges; on jugeoit à son extérieur qu'il ne s'étoit pas déshabillé de toute la nuit, mais qu'appuyé sur un coussin, il avoit pu prendre quelques instans d'un sommeil, hélas! trop souvent interrompu!...

Son apparition inattendue excite parmi nous de vifs transports; les cris de *Vive le Roi!* éclatent d'un bout à l'autre de la cour royale et se prolongent dans les autres cours; les soldats mettent leurs chapeaux, les grenadiers leurs bonnets sur la pointe des sabres et des baïonnettes; l'enthousiasme est général; c'étoit là peut-être un de ces momens qui décident du sort des empires; si Louis XVI!... Mais tels n'étoient par les desseins de la Providence sur lui et sur nous. Au lieu de cette résolution extrême que je me contente d'indiquer ici, Dieu sans doute lui en avoit inspiré une autre, celle de s'immoler, lui tout seul, pour le salut de son peuple. « Qu'est-ce donc qui se passoit, a » dit un célèbre Ecrivain (1), dans ce cœur si » pur, si soumis, si préparé? L'auguste Martyr

_____

(1) *M. de Maistre* (*Soirées de Saint-Pétersbourg*, vol. 2ᵉ, page 457 ; *Éclaircissemens sur les Sacrifices*). Cette réflexion du Philosophe chrétien m'a frappé ; on peut l'appliquer à une multitude de circonstances de la vie du Roi-martyr : trois heures plus tard, quand nous le verrons quitter le Château pour aller se livrer, lui et sa famille, à la rage de ses ennemis, c'est encore la même résignation, le même dévouement qui le guide-

» semble craindre d'échapper au sacrifice, ou
» de rendre la victime moins parfaite : quelle
» acceptation, et que n'aura-t-elle pas mé-
» rité ! »

Le Roi n'avoit pas encore quitté le balcon; les applaudissemens et les démonstrations de dévouement de la part de tous les spectateurs, loin de se ralentir, sembloient redoubler de force et de vivacité, lorsque, entre nous et la porte du Carrousel, nous voyons la foule s'écarter à droite et à gauche, pour laisser passage à un bataillon de Garde nationale qui débouche en ce moment de la place extérieure dans la grande cour, ayant en tête ses tambours et ses canons. Je n'ai jamais su de quel quartier de Paris venoit cette troupe; sans doute c'étoit un des corps à qui, la veille, M. de Mandat avoit fait parvenir l'ordre de se rendre aux Tuileries dès la pointe du jour; sans doute aussi les Chefs, soit qu'ils eussent, ou non, reçu contre-ordre de la nouvelle Municipalité, s'étoient

---

ront dans cette démarche; en s'y déterminant, pouvoit-il imaginer qu'une attaque à main armée auroit lieu contre son palais, après qu'il s'en seroit éloigné lui et tous les siens ?

portés de zèle au secours du Château. Sur leur demande on s'étoit empressé de leur en ouvrir les portes; et comme au nombre des Gardes nationaux dont se composoit ce bataillon il existoit (ainsi que dans tous les autres) des hommes *dévoués*, d'autres *tièdes*, et d'autres tout-à-fait *opposés* à la cause royale, les deux dernières classes avoient été, dans ce mouvement en avant, entraînées involontairement avec la première (1).

(1) C'est malheureusement une vérité qu'on ne sauroit se dissimuler. Encore aujourd'hui quelques différences de sentimens existent dans la Garde nationale, non-seulement entre les simples *Grenadiers* ou *Chasseurs*, mais aussi entre les *Officiers*. A la vérité, le nombre des *dissidens* est bien moins considérable, et les nuances d'opinion ne sont plus marquées par des lignes si tranchantes. D'un autre côté, l'autorité Royale, appuyée sur une Garde nombreuse, aguerrie et fidèle, n'a pas à craindre, comme en 1792, de voir son existence mise en doute par l'intervention favorable ou contraire à sa cause d'un corps ainsi formé d'élémens tout-à-fait hétérogènes. Cependant je crois qu'un plan d'organisation bien combiné feroit disparoître les inconvéniens les plus graves, et n'exposeroit plus nos Princes à se méprendre, comme ils l'ont fait quelquefois, sur le mérite des individus. Dans ces jours d'anniversaire où tant de personnes sont admises à l'honneur de défiler sous les

Quoi qu'il en soit, l'entrée d'un tel renfort, dans la situation où nous sommes et précisément sous les yeux du Roi, semble ajouter à la confiance et à l'enthousiasme de la garnison du Château. Une grande partie des arrivans imite nos transports et confond ses acclamations avec les nôtres.

Mais, à peine le Roi est-il rentré dans ses appartemens, la scène change; les Canonniers qui formoient la tête du bataillon, et qui conduisoient deux pièces de campagne, avoient fait halte à quelques pas de nous; ils ne tardent pas à donner hautement des signes de mécontentement et de colère; ils s'emportent en invectives et en grossièretés que je ne puis répéter ici que foiblement: « Nous sommes trahis, » disent-ils! on nous a conduits dans un piége! » *c'est ce scélérat de Mandat* qui nous y a atti- » rés!... » De tout notre groupe, j'étois le plus

---

yeux du Roi ou de sa famille, il m'a été pénible de remarquer que, parfois, des témoignages de confiance et d'affection étoient accordés à tel ou tel sujet qui réellement s'en trouvoit le moins digne, et qui, loin d'en être touché, ne faisoit ensuite qu'ajouter la dérision et l'insulte à l'expression habituelle de ses mauvais sentimens.

près du Canonnier qui se permit cette dernière injure; il sembloit même, en la proférant, s'adresser à moi, comme s'il eût deviné que je tenois par quelque lien à notre infortuné Commandant (1). Outré d'une telle insolence, je réplique à ce misérable, en lui exprimant avec énergie ma juste indignation; une rixe alloit s'ensuivre; déjà mon adversaire en venoit à des menaces que je n'eusse pas facilement endurées, lorsque M. de Mandat fils, qui a entendu le sujet de la dispute, et qui me voit engagé pour une cause à lui personnelle, se plaçant tout-à-coup entre moi et le provocateur, interpelle vivement celui-ci : « Qu'as-tu à dire de *M. de Mandat ?* Il sied » bien à un malheureux tel que toi de l'insulter? » Apprends qu'il est *mon père...* » A ces mots, le Canonnier, pour toute réponse, se rejette en arrière de quelques pas, et crie à ses camarades : « Voilà *le fils Mandat!* Voilà un des traîtres! » Vengeons-nous! » Puis tous ensemble, avec une rapidité qui ne nous laisse pas le temps de

---

(1) J'ai fait depuis la réflexion que ces hommes arrivoient peut-être des environs de l'Hôtel-de-Ville, et que déjà ils savoient ce qui venoit de s'y passer, tandis que nous l'ignorions encore complètement.

les prévenir, ils s'élancent sur M. de Mandat, qu'ils cherchent à entraîner vers leurs pièces. Les lâches, réunis au nombre de dix à douze contre un seul homme, et tenant encore d'une main le sabre qu'ils n'ont pas remis dans le fourreau, alloient assassiner sous nos yeux notre malheureux compagnon; je me précipite sur eux; mon camarade L... me seconde vigoureusement; d'autres Gardes nationaux accourent aussi à nos cris; ce n'est qu'à la suite d'une lutte assez longue et de beaucoup d'efforts que nous parvenons à arracher des mains de ces furieux la nouvelle victime qu'ils alloient immoler, pour ainsi dire, sur le tombeau de son père. Après les avoir terrassés ou renversés sur les affûts de leurs pièces, nous les laissons entre les mains d'un détachement venu pour prêter main-forte; on les désarme; on les emmène;... mais dans quel endroit fut-il possible de les conduire d'où bientôt après ils n'aient été relâchés et rendus au libre exercice d'une rage devenue plus cruelle encore par cet événement?

Grace à Dieu! dans ce conflit il n'y eut point de blessure sérieuse; nous en fûmes quittes pour quelques contusions, quelques égratignures. M. de Mandat fut, comme on l'imagine, le plus maltraité de tous; il n'en sortit qu'avec ses vêtemens déchirés.

Probablement j'aurois cherché à connoître les suites immédiates de l'affaire, si, dans cet instant même, un roulement général ne nous eût averti de regagner nos postes respectifs. « *Le Roi*, nous dit-on, *va descendre pour passer en revue les troupes placées dans les cours.* » Sur un tel avis il n'y a plus lieu de s'occuper d'autre chose; chacun de nous n'a rien de plus pressé que de rejoindre le détachement dont il fait partie.

En effet, de retour à notre Compagnie de la cour des Suisses, à peine avons-nous relevé nos armes, nous commençons à entendre les tambours de la cour Royale qui battent aux champs et annoncent la présence du Roi. Nos rangs demeurent ouverts. Tous les yeux sont fixés sur l'entrée du passage qui communique d'une cour à l'autre. Après quelques momens d'attente, *Louis XVI* paroit, accompagné d'un petit nombre d'Officiers supérieurs; il s'avance vers la tête de la Compagnie; il passe successivement entre nos trois rangs; sa démarche est assurée, sa contenance tranquille; il ne nous adresse point la parole; mais dans les regards expressifs et pleins de bonté qu'il attache tour-à-tour sur chacun de nous, nous ne pouvons nous empêcher de démêler un fond de tristesse et d'inquiétude. Ses yeux semblent nous dire : « Que, pour lui, tout espoir est perdu; qu'inu- » tilement nous exposerons notre vie pour sa » défense; qu'à tout prix il voudroit nous sauver » de ce danger... ». Telle est l'idée qui dès-lors succéda dans mon esprit au premier mouvement d'enthousiasme qu'avoit excité son approche. Les suites ne justifièrent que trop une si fâcheuse impression.

Il étoit six heures environ lorsque finit cette revue. Le Roi s'éloigne en dirigeant de nouveau ses pas vers la grande cour; mes yeux le suivent aussi loin que le permet notre position... Je venois de le voir pour la dernière fois!

De six à huit heures du matin.

Durant les deux heures qui suivent, et même jusqu'à près de neuf heures du matin, nous ne quittons pas notre poste. Resserrés dans un espace de peu d'étendue, entre des bâtimens ou des murs qui n'offrent presque pas d'élévation du côté du levant et du midi, nous y demeurons exposés à toute l'ardeur d'un soleil brûlant, dont les rayons dardent constamment et à peu près d'aplomb sur nos têtes. Cette circonstance ajoute beaucoup aux inconvéniens de notre situation, aggravée encore par la difficulté de nous procurer aucune espèce de rafraîchissemens. Toutefois nous ne cessons pas de tenir pied. De temps à autre, comme pendant la nuit, on nous fait poser l'arme à terre, puis la reprendre, suivant les alternatives de tranquillité ou d'inquiétude entre lesquelles nous sommes continuellement balancés.

Un incident qui se passe dans cet intervalle, et dont je ne dois pas manquer de rendre compte, c'est la visite que nous fait le sieur *Rœderer*, Procureur-syndic du Département. Nous étions au repos lorsqu'il arrive dans notre cour, ceint de son écharpe et tenant un papier à la main. On nous fait remettre sous les armes et serrer nos rangs. Il se place devant le centre de la Compagnie; d'une voix altérée et peu propre à encourager ses auditeurs, il nous lit une proclamation conçue en ces termes:

« Citoyens-soldats, soldats-citoyens, *Français*
» et *Suisses*, un grand rassemblement se pré-
» sente; il menace la personne du *Chef du pou-*
» *voir exécutif.* Au nom de la loi, il vous
» est défendu d'attaquer; mais vous êtes auto-
» risés à repousser la force par la force. »

Je m'abstiens de toute réflexion sur la nature et les termes de cette harangue, que je crois avoir rendue presque littéralement. Il suffit de se reporter en idée sur la place où l'on en fit lecture, de considérer, dans une circonstance aussi grave, la personne de l'orateur et son défaut absolu d'assurance et de dignité, pour être convaincu du peu d'effet qu'elle dut produire sur l'esprit de ceux à qui elle étoit adressée.

Huit heures du matin.

D'après ce que j'ai dit de la situation de notre détachement, on a dû juger que, placés comme nous l'étions devant l'aile du Château la plus éloignée de la Seine, et séparés des autres cours par plusieurs bâtimens intermédiaires, nous ne pouvions être instruits que les derniers de l'arrivée des assaillans, dont la première colonne vint, je crois, en suivant le quai du Louvre, et déboucha sur le Carrousel par les guichets de la grande galerie. Vers huit heures, un bruit extraordinaire se fait entendre sur cette place. La porte par laquelle on y communiquoit de notre cour étoit restée, depuis le milieu de la nuit, exactement fermée : nous ne pouvons donc nous assurer par nos yeux de l'état des choses; mais, à en juger d'après le mouvement, les cris et la confusion des voix, tout nous porte à croire qu'une partie du rassemblement formé dans les faubourgs vient de réussir à s'emparer sans obstacle des approches du Palais. Bientôt ce doute se change en certitude; on nous apprend qu'une nombreuse cohue de Fédérés et d'hommes de la lie du peuple est arrivée jusqu'au Carrousel; qu'elle n'a éprouvé aucune résistance; qu'elle s'y est établie, et qu'elle fait ses dispositions pour attaquer de vive force le Château.

Un corps de Gendarmerie assez nombreux étoit cependant stationné sur cette place, avec l'ordre de n'y laisser former aucun rassemblement. Si les soldats eussent été gens de cœur et aussi bien intentionnés que leurs Chefs, rien n'étoit si facile, eu égard au désordre dans lequel s'avançoit la colonne, que de la charger à son passage sous les guichets; d'un coup de poitrail on l'eût enfoncée et peut-être culbutée dans la rivière. Mais la voix des Officiers avoit été couverte par les cris de révolte de ces lâches Gendarmes : au lieu de faire front devant la populace, ils avoient tourné bride; ils s'étoient honteusement retirés par la rue *de l'Echelle*.

De cette première faute, la plus grave qu'on pût commettre dans l'exécution des dispositions ordonnées, il résulte que la troupe des révoltés, grossie de moment en moment par tout ce que la terreur et les menaces d'un grand nombre d'émissaires y font affluer des divers quartiers de Paris, remplit bientôt le Carrousel et les rues adjacentes. Au milieu de cette cohue, quelques *hommes du métier* s'occupent d'établir une espèce d'ordre; ils en forment des lignes; en même temps plusieurs pièces de canon qu'ils ont réussi à se procurer par la défection de beaucoup d'Artilleurs de la Garde nationale sont placées par eux en batterie, la bouche dirigée contre les portes du Château.

Nous ne sommes donc plus séparés de nos ennemis que par un foible mur et par de mauvaises portes! Au désagrément de la position que nous n'avions cessé de tenir pendant près de trois heures consécutives, se joint désormais l'idée de l'attaque à laquelle nous nous attendons de minute en minute. De la place où nous sommes, nous distinguons les vociférations insultantes de nos adversaires; parfois même nous pouvons en apercevoir quelques-uns s'approchant de l'entrée et regardant à travers les planches mal jointes de la porte qui nous sépare d'avec eux. On peut se figurer tout ce qu'a d'insupportable pour nous cet état d'incertitude et d'anxiété prolongée. Souvent nous nous disons entre nous: « Que n'ouvre-t-on les » deux battans? que ne fonce-t-on à la baïon- » nette sur un attroupement si évidemment » hostile? » Mais il eût fallu pour cela un ordre supérieur, et la proclamation qu'on venoit de faire lioit les bras aux Officiers qui nous commandoient.

Au milieu de ces tourmens et de cette inquiétude difficile à décrire, nous conservions encore quelque espoir que le Roi paroîtroit.

qu'il monteroit à cheval, qu'il se mettroit à notre tête, et, qu'animés par sa présence, nous aurions infailliblement bon marché de ce ramas sans ordre, de cette populace, nombreuse il est vrai, mais mal armée, et composée en grande partie d'hommes nullement aguerris. D'ailleurs, s'il est vrai de dire que la bravoure ne peut être inspirée que par des sentimens généreux, quelle différence entre cette vile tourbe, excitée seulement par l'esprit de rébellion, par l'espoir du pillage, et nous qui combattions pour la plus noble, la plus juste des causes, *pro Rege, pro aris et focis!*

Mais nous ignorions ce qui, au même instant, avoit lieu dans le Château; les menées de *Rœderer* et de quelques autres auprès du Roi, les idées de terreur et de défiance qu'on cherchoit à lui suggérer, d'un côté en exagérant à ses yeux la multitude et la fureur des assaillans, de l'autre en l'effrayant sur le petit nombre ou les dispositions équivoques des personnes rassemblées pour sa défense. Dieu me garde d'offenser en rien la mémoire de cet excellent Prince! Certes, dans le nombre de ses fidèles serviteurs, il n'en est aucun qui, plus que moi, respecte son caractère et ses vertus; j'ai toujours soutenu et je soutiens encore qu'il étoit doué d'un grand courage; rien ne le prouve mieux que la sublimité de sa conduite dans les derniers momens de sa vie. Mais il avoit en horreur *l'effusion du sang;* pendant les trois années qui s'écoulèrent de l'été de 1789 à celui de 1792, sans doute il se présenta plus d'une circonstance où, s'il en eût fait couler quelques gouttes, il eût bien probablement arrêté la marche des révolutionnaires (1); toujours il aima mieux sacrifier son bien-être personnel, son repos, sa liberté, ses droits, plutôt que d'en venir aux dernières extrémités. Hélas! si l'événement a démenti d'une manière cruelle des calculs dictés par tant de douceur et de modération, c'est qu'une âme si belle et si pure ne pouvoit mesurer toute la profondeur de la corruption et de la perversité de son siècle; c'est que jamais il n'y étoit entré l'idée, même la plus éloignée, de cet attentat inouï dans nos fastes, de cet

---

(1) Je puis citer à l'appui de mon observation ce passage d'une lettre écrite par Louis XVI lui-même à M. de Malesherbes, et datée de la tour du Temple : « *Mon sang coulera pour me punir de n'en avoir jamais versé.* »

affreux *régicide* (1), arrêté d'avance dans l'infernal plan des Conjurés, et dont notre infor-

(1) Puisque ma plume a tracé cet horrible mot, qu'il me soit permis d'ajouter ici de courtes observations sur un attentat d'autant plus exécrable, que les hypocrites assassins du Roi-martyr cherchèrent à l'environner de l'appareil des formes judiciaires.... Les insensés ! pouvoient-ils croire que jamais la postérité reconnoîtroit en eux un autre caractère que celui de *bourreaux ?*

Au moment où se consomma cette effroyable iniquité, j'étois à la suite de l'armée des Alpes, à Chambéry, où bon nombre de royalistes comme moi, persécutés dans l'intérieur, s'étoient aussi réfugiés. Je fus témoin des sentimens de douleur et d'indignation que la nouvelle en excita généralement, et parmi les bons habitans de cette ville, et dans l'esprit de la presque totalité des Français, militaires ou autres, qui se trouvoient alors dans le pays. Pour moi, je m'étois refusé jusqu'au dernier instant à croire à la possibilité de l'exécution d'un pareil crime : lors de l'arrivée du courrier qui nous fit connoître le résultat du dernier appel nominal, je me flattois encore qu'un effort extraordinaire seroit tenté par quelques hommes de cœur pour arracher la royale victime des mains de ses bourreaux ; il me sembloit que cet antique amour de la nation française pour ses Rois, comprimé, mais non étouffé par la terreur et par les menaces d'une poignée de brigands, alloit enfin éclater avec autant de force que de succès.... Après vingt-quatre heures d'une anxiété inexprimable, j'appris, hélas! que je m'étois cruellement abusé! Cette nouvelle désespérante fit sur

tunée patrie devoit subir ensuite, par vingt-cinq ans de malheurs, le terrible et trop juste châtiment!

Huit heures et demie.

Nous n'apprenons que vers huit heures et demie la résolution à laquelle s'est arrêté le Roi, et qui déjà, nous dit-on, est exécutée: « *Il est parti du Château pour aller se remettre,* » *lui et sa famille, entre les mains de l'Assem-* » *blée nationale!* » Conseil perfide, qui loin d'empêcher ou de contrarier l'entreprise formée par les Chefs de l'insurrection, ne fit qu'en assurer le complet succès! Ce funeste avis avoit prévalu sur le sentiment de la Reine et d'une grande partie des personnes qui entouroient la famille Royale: la Reine surtout l'avoit repoussé avec une énergie digne d'un meilleur

---

moi une telle impression, que j'en tombai sérieusement malade, et qu'au milieu des transports de la fièvre, pendant plus de huit jours, j'eus constamment devant les yeux la figure vénérée de notre malheureux Roi!..... Est-il digne du nom de *Français*, celui dont le cœur froid et sec demeure insensible au souvenir d'un si grand et si lamentable événement?

sort; mais elle s'étoit vue forcée de céder et d'accompagner le Roi et ses Enfans.

Le bruit s'en répand incontinent dans les cours; il est accueilli différemment, suivant les opinions des individus : les uns se flattent qu'il reste encore dans l'Assemblée assez de bons Français pour sauver leur Prince de ce danger imminent. « La plupart des Députés, ajoutent-
» ils, ne manqueront pas d'aller au-devant du
» Roi et de sa famille; il les couvriront de leurs
» corps; il les soutiendront contre leurs enne-
» mis; et du moins ils épargneront à la France le
» crime d'un parricide. » D'autres moins confians se disent : « Le Roi est perdu; il s'est livré entre
» les mains des conjurés; il a voulu nous éviter
» un combat et se sacrifier lui seul; il s'est
» trompé; nous n'en périrons pas moins, *ici*,
» ou *plus tard*. »

Telle étoit aussi à peu près ma manière de voir. Néanmoins, en considérant :

D'abord, que, depuis le départ de toute la famille royale, il ne reste plus à garder que le mobilier du palais;

En second lieu, que notre garnison, affoiblie seulement de quatre à cinq cents hommes qui ont accompagné le Roi jusqu'à l'Assemblée (1), est encore beaucoup plus nombreuse que ne l'exige un pareil service.

J'imaginois qu'on alloit donner des ordres afin de laisser au château seulement la quantité de troupes nécessaire pour occuper les différens postes, et que le surplus, effectuant sa retraite par le jardin, se porteroit soit à la place Louis XV, soit à toute autre destination qui nous seroit indiquée.

De pareilles dispositions, bien probablement, auroient prévenu les malheurs qui suivirent. S'il ne fût resté, pour la garde du palais, qu'un ou deux bataillons de Garde-nationale; si tout le reste, réuni aux Suisses et aux Gentils-hommes rassemblés dans les appartemens, se fût replié en bon ordre avec les pièces de canon dont on pouvoit disposer, je ne pense pas que la populace agglomérée sur le Carrousel, et qui annonçoit n'en vouloir qu'au régiment des

---

(1) Les Compagnies de Grenadiers des *Petits Pères* et des *Filets Saint-Thomas* avoient fait partie de cette escorte, et par conséquent ne se trouvoient plus au château.

Gardes Suisses, eût eu désormais aucun motif plausible pour attaquer les Tuileries; d'un autre côté, je doute fort qu'elle eût osé se porter sur les traces de ce petit corps d'armée, qui certes ne se fût pas laissé attaquer impunément.

Mais à la tournure que prirent les choses, on seroit tenté de croire, ou que nous étions tous livrés d'avance, ou qu'au moins les Officiers supérieurs qui, dans cette conjoncture extrême, tenoient en main le commandement, avoient perdu la tête et ne savoient plus un mot de leur métier.

Neuf heures du matin.

Vers neuf heures, *M. de Menou* se présente seul dans la cour des Suisses; il commande à notre Compagnie de se mettre en marche; puis la guidant lui-même, il nous conduit à travers la cour Royale, que nous sommes surpris de trouver entièrement dégarnie : arrivés à la hauteur du pavillon du milieu, il entre sous le grand vestibule où nous continuons de le suivre; mais à l'instant où la tête de la Compagnie se trouve devant le grand escalier, il donne l'ordre *de tourner à droite et de monter dans les appartemens....* (1)

Ici commence une scène de confusion et de désordre dont j'aurai peine à faire concevoir à mes lecteurs une juste idée.

L'escalier par lequel il nous faut passer, et qui, menant d'abord à la porte de la chapelle,

(1) Des diverses relations que j'ai lues (sans en excepter celle de *M. Peltier*, qui contient tant d'autres détails), il n'y en a pas une seule où l'on ait fait mention de cette manœuvre extraordinaire, la plus fausse peut-être et la plus fatale que dans ce moment il fût possible d'ordonner. J'ignore quel parti prit *M. de Menou* pour ce qui le concernoit personnellement ; ce qu'il y a de sûr, c'est qu'il nous quitta sous le vestibule, et que dans la suite je n'entendis plus parler de lui que comme de l'un des Généraux qui avoient pris du service dans les *armées de la république*. Les Jacobins n'eurent donc aucun motif de lui en vouloir de sa présence aux Tuileries le 10 août, ni de la manière dont il s'y étoit comporté ? Or, si je rapproche un pareil fait de sa conduite postérieure, et même de celle qu'il avoit tenue au commencement de la révolution, je ne puis m'empêcher de suspecter jusqu'à un certain point les intentions de celui à qui nous dûmes de tomber ainsi dans un véritable piége, puisque, de toutes les positions où l'on pouvoit nous placer, celle-ci, comme on va le voir, étoit sans contredit la moins sûre et la plus défavorable.

se déploie ensuite en fer à cheval pour gagner le premier étage, est déjà totalement encombré de Gardes nationaux et de Suisses entassés pêle-mêle et serrés les uns sur les autres : nous sommes donc arrêtés par une foule épaisse à travers laquelle il nous est impossible de percer autrement qu'un à un et en perdant tout-à-fait nos rangs. Dès-lors plus de moyens de nous reconnoître ; nous nous *fondons*, pour ainsi dire, dans cette masse désorganisée ; seulement mon camarade et moi nous ne nous quittons pas, et nous tâchons toujours d'arriver ensemble à l'étage supérieur.

Devant la porte de la chapelle, nous apercevons en passant un de nos amis, canonnier du bataillon du *Petit-Saint-Antoine* ; c'est le malheureux *de Courchamp* dont j'ai déjà parlé ci-dessus ; il est assis par terre, pleurant et s'arrachant les cheveux : « On m'a fait quitter mes » pièces, nous dit-il ; elles sont restées au mi- » lieu de la cour ; l'ennemi va les tourner contre » nous ! »

Parvenus avec beaucoup de peine jusqu'à la porte de la salle des Gardes (aujourd'hui le *salon des Maréchaux*,) nous trouvons cette pièce obstruée par une foule qui nous empêche d'y pénétrer (1). Après de nouveaux efforts, tout ce que nous pouvons faire, c'est de gagner la fenêtre du carré contiguë à la porte, et de chercher à découvrir de là ce qui se passe au dehors. Pressés par beaucoup d'autres spectateurs non moins curieux que nous, tous deux pourtant nous réussissons à nous placer sur le devant de cette croisée.

Le premier objet qui frappe nos regards, ce sont trois pièces de canon avec leurs caissons et leurs affuts, abandonnées au milieu de la cour. Du reste, pas un seul homme dans tout ce terrain qui semble maintenant une vaste solitude. Au-delà, derrière les murs, le vacarme et les cris paroissent redoubler sur le Carrousel. Déjà nous nous étonnions de ce que les chefs

(1) Il paroît que la manœuvre ordonnée à notre Compagnie avoit eu lieu auparavant pour les différens corps de troupes stationnés dans les cours : on les avoit tous fait monter dans les appartemens du Roi ; les pièces du fond avoient d'abord été remplies, puis la salle des Gardes, puis enfin le grand escalier où nous étions arrivés à la queue de la colonne, lorsque déjà il n'y restoit plus de terrain pour nous placer.

de l'émeute, qui certainement avoient dû s'apercevoir de l'évacuation des cours, ne poussoient pas plus loin leur entreprise; mais à peine en avons nous fait la réflexion, nos oreilles à l'instant même sont assourdies du bruit de coups violens et redoublés, dont on frappe en dehors la grande porte de la cour Royale : au choc répété des madriers et des pieux que font mouvoir les assaillans, cette porte cède; les deux battans s'en ouvrent avec fracas; des flots de populace, entremêlés çà et là de *Fédérés* en uniforme, se précipitent par cette ouverture; la cour en est bientôt inondée; les premiers entrés courent aux canons; ils en tournent la bouche contre le château; ainsi se vérifie la trop juste crainte que venoit de nous exprimer le pauvre *de Courchamp*.

Neuf heures un quart.

Quinze minutes au plus s'étoient écoulées depuis le moment de notre départ de la cour des Suisses; l'irruption des révoltés dans le château eut donc lieu à *neuf heures un quart* environ.

Quel effroyable spectacle que celui de cette multitude d'hommes, la plupart déguenillés, la tête couverte de bonnets de laine, armés de piques, de crocs, de fourches, de mille instrumens divers qu'il me seroit impossible de décrire! Un certain nombre porte des fusils de guerre ou de chasse ; d'autres, en uniformes de différentes couleurs et coiffés de chapeaux, parcourent cette foule le sabre à la main; on les voit faire des commandemens ; ils viennent à bout, non sans peine, d'y mettre une espèce d'ordre; ils la forment sur trois rangs adossés aux murailles, et la disposent en équerre, à droite et à gauche de la porte d'entrée.

Tous ces préparatifs qui se font sous nos yeux annoncent clairement, de leur part, l'intention de nous attaquer. De notre côté, quel moyen reste-t-il de nous défendre? Nous avons toujours bien nos armes et quelques munitions (1); mais à supposer qu'il nous fût possible d'en faire usage, que gagnerons-nous à tirer quelques coups de fusil sur cette troupe

---

(1) Après la proclamation de *Rœderer*, il avoit été fait une distribution de cartouches.

arrivée avec des canons et devenue maintenant maîtresse des nôtres? Toutefois, c'est le seul parti qui nous reste à prendre; mon ami et moi nous nous y arrêtons; et comme à la place où nous sommes, il nous est impossible de faire le moindre mouvement à cause de la foule qui nous presse, nous nous décidons à tenter un nouvel effort pour pénétrer dans les appartemens.

En nous retournant vers l'entrée de la salle des Gardes, un bruit extraordinaire, qui paroît venir du vestibule, attire nos pas de ce côté: nous descendons à grand-peine quelques marches de l'escalier à droite, et nous penchant sur la rampe, nous découvrons de là les derniers degrés toujours encombrés du haut en bas, comme au moment de notre arrivée: seulement on a placé à la partie inférieure, à peu près à hauteur d'appui, une traverse en bois qui forme barrière, et derrière laquelle est retranché un groupe de nos camarades: quelques-uns des assaillans, venus de la cour, sont déjà sous le vestibule; les uns courent çà et là, poussant leurs clameurs accoutumées; les autres se sont approchés de la barrière qu'ils cher-

chent à déplacer : « Nous ne sommes pas vos en-
» nemis, disent-ils aux Gardes nationaux ! nous
» n'en voulons qu'aux *habits rouges!* séparez-
» vous d'avec eux, et joignez-vous à nous. » De
leur côté, les nôtres tiennent bon; ils repoussent de toutes leurs forces ces conseillers perfides; j'ai surtout occasion de remarquer un homme à cheveux blancs, mais plein de vigueur, qui, dans cette circonstance, déploie singulièrement de chaleur et d'énergie; d'une main il se cramponne à la barre, de l'autre il présente la pointe de sa baïonnette à celui des assaillans qui paroît le plus acharné; il le somme de se retirer et parvient à lui faire lâcher prise.

Sans nous arrêter d'avantage à considérer cette scène, nous nous disons, mon camarade et moi, qu'il est temps de mettre à exécution notre dernière idée.

Revenus en conséquence à la porte de la salle des Gardes, nous réussissons enfin à nous y introduire; mais toutes les fenêtres, du côté de la cour, sont obstruées; nul moyen de nous y placer; il faut passer outre. Un nouvel effort nous fait atteindre à la salle suivante; celle-ci est en quelque sorte plus encombrée encore que la pièce que nous venons de traverser : seulement les croisées, du côté du jardin, paroissent accessibles; nous nous dirigeons vers la première, celle qui touche au mur de la grande salle : de là, voyant que la terrasse placée immédiatement au dessous (1) est tout-à-fait vide, mon camarade me propose d'y descendre; à l'aide de son fusil, que d'abord il fait passer, il saute sur le pavé de cette terrasse et m'aide ensuite à l'y joindre. Le jardin, que nous découvrons dans toute son étendue, nous semble aussi désert que l'étoit un quart d'heure auparavant la cour Royale; pas un seul homme, ni sur la grande terrasse le long du château, ni dans tout l'espace qui renferme les parterres et les bassins.

Toujours occupés du projet de nous placer à une fenêtre donnant sur les cours, nous gagnons, par l'extrémité de la terrasse où nous sommes, un escalier qui conduit aux étages supérieurs; après avoir monté quelque temps,

---

(1) C'est celle où se donnent maintenant les concerts de la Saint-Louis.

nous rencontrons un obstacle insurmontable ; c'est une forte grille qui ferme le haut de cet escalier. Déjà deux ou trois Gardes nationaux qui nous ont précédés essaient de l'ouvrir en la secouant avec force ; derrière, et sur un corridor étroit, sont plusieurs Dames qui les supplient de ne pas insister : — « Mais Mes-
» dames, ouvrez nous ; nous ne sommes qu'un
» petit nombre. — Messieurs, cela nous est
» impossible ; madame de Tourzel a emporté
» la clef ; elle est à l'Assemblée avec la Reine ;
» nous sommes enfermées. » Resté quelques marches plus bas, j'écoutois cette petite altercation ; pour mon camarade, il s'étoit joint avec les autres, et tous ensemble continuoient de secouer la grille : à la vue du trouble et de l'effroi que témoignent ces pauvres Dames, je l'invite à ne pas s'obstiner et à redescendre avec moi pour chercher quelque autre issue ; moi-même je me remets en route, imaginant qu'il me suit.

J'étois à peu près à la hauteur de la terrasse ; une forte explosion d'armes à feu fait retentir les voûtes du château..... C'en est fait : plus d'espoir d'accommodement; voilà le combat décidément engagé dans les cours (1).

(1) D'après la situation où je me trouvois lorsqu'eut lieu cette première décharge, on doit juger que je ne fus point à même de connoître de quel côté elle étoit partie. Les révolutionnaires, dans le temps, parurent très-jaloux d'éclaircir ce point de fait, ou plutôt ils ne balancèrent pas à publier que les premiers coups de fusil avoient été tirés des fenêtres du château. Non-seulement ils firent de cette assertion un grief capital contre notre malheureux Roi, mais je me souviens même qu'ils eurent l'impudence de soutenir que c'étoit l'effet d'une trahison : « Ces coups, disoient-ils, avoient été dirigés » contre des Citoyens sans défense avec qui les soldats » Suisses annonçoient l'intention de *fraterniser*. » Je ne m'amuserai point à réfuter une pareille absurdité. C'est d'ailleurs, à mon avis, chose à peu près indifférente de savoir qui, des assaillans ou des assiégés, commença le feu. Qu'importe aujourd'hui la solution d'un tel problème ? n'a-t-on pas vu, par tout ce qui précède, quels étoient, dans ce combat, les véritables aggresseurs ? Si les Suisses tirèrent les premiers, ils ne le firent que dans la nécessité d'une légitime défense; ils y étoient autorisés par la proclamation qui leur enjoignoit *de repousser la force par la force.*

Dans mon opinion, et suivant qu'on a pu le conjecturer à la lecture des détails ci-dessus, ce dut être sous le vestibule que l'affaire s'engagea; les troupes placées sur les marches du grand escalier se voyant au moment d'être forcées par la troupe des assaillans qui s'étoit

En ce moment critique, seul et n'espérant plus trouver un poste favorable pour prendre part au combat, je continue, sans trop savoir où je vais, de descendre tout droit le même escalier. J'ai toujours l'idée que mon ami L...., et peut-être ceux avec qui il est resté en arrière, ne tarderont pas de me rejoindre. Cependant le bruit de la fusillade semble redoubler. Parvenu sur les dernières marches, je me trouve au fond de la galerie située sous la terrasse que nous avions parcourue en quittant les appartemens; cette galerie, peu élevée au dessus du jardin, est percée de grandes arcades qui n'offrent point d'issue, parce qu'elles sont fermées par des grilles (1); il me faut donc en gagner l'autre bout; dans ce trajet assez long,

grossie en cet endroit, et qui annonçoit ouvertement l'intention de ne leur accorder aucune grâce, ne purent faire autrement que d'employer, dans une pareille extrémité, la dernière ressource qui fût en leur pouvoir. M. *Peltier*, dans son ouvrage, assure qu'avant le feu, plusieurs soldats Suisses, isolés, avoient été déja massacrés sous les yeux de leurs camarades.

(1) J'ai dit, au commencement de ma relation, que les grilles ont été depuis supprimées, et qu'à leur place on a mis les statues qui s'y voient aujourd'hui.

je ne rencontre ni ne découvre qui que ce soit, *ami* ou *ennemi ;* mais à l'instant ou j'approche de la voûte qui conduit du vestibule au jardin, j'aperçois à quelque distance un pauvre Garde national venant du côté du grand escalier, et courant encore, quoique blessé à la cuisse ; il traverse obliquement ce passage, laissant après lui des traces de sang ; ses pas se dirigent vers la grande terrasse, où bientôt l'épaisseur du bâtiment le dérobe à ma vue.

Je crois moi-même, en une telle conjoncture, n'avoir plus à prendre d'autre parti que de suivre la même route.... Une seule idée pourroit m'arrêter ; c'est le regret cruel de laisser derrière moi mon ami ; mais comment désormais nous réunir ? nous sommes trop éloignés l'un de l'autre ; quand je réussirois à le joindre, ce sera sans aucun avantage pour aucun de nous : j'aurai perdu, en retournant sur mes pas, un temps précieux ; ce chemin encore ouvert devant moi sera fermé pour tous deux dans quelques instans (1).

(1) On verra plus bas qu'il m'avoit suivi de près, mais qu'une malheureuse méprise lui fit perdre mes traces, et le conduisit dans une autre partie du château. Je ne l'aurois donc pas retrouvé !

Au risque d'être atteint par les balles qui viennent de la cour, je m'élance et franchis en deux sauts le passage de la voûte : sans être touché, j'arrive au bas des marches; je suis sur la terrasse; bientôt les murs du château se trouvent entre moi et l'ennemi.

De ce moment je pense devoir ralentir le pas; j'ai encore toutes mes armes; je ne veux point qu'on imagine que je fuis. M'éloignant avec tristesse du malheureux palais où ne sont plus ceux que j'étois venu défendre, je m'achemine tranquillement vers la terrasse sur ma droite, dans le dessein de gagner la cour du Manége. Parvenu entre les premiers carrés du parterre, près de l'un des petits bassins, je m'arrête, et regardant autour de moi, je n'aperçois, dans tout le terrain qu'embrassent mes regards, pas un être vivant : je ne vois également personne aux fenêtres de la façade du château; mais sur la terrasse du premier étage, à gauche du pavillon de l'horloge (1), une Com-

(1) C'est celle où l'on a pratiqué, depuis 1814, une galerie couverte qui conduit à la chapelle du Roi; elle fait le pendant de la terrasse par laquelle mon camarade et moi nous avions passé quelques instans auparavant.

pagnie de grenadiers du régiment des Gardes-Suisses est rangée en bataille; c'est la seule mesure qu'on ait prise pour défendre le palais, du côté du jardin.

Tandis que je fais ces observations, un nouveau bruit attire mon attention vers l'extrémité de la grande terrasse, au-dessous du pavillon Marsan. J'ai dit que, de ce côté, le jardin avoit pour clôture une muraille peu élevée et une simple porte cochère en bois, qui dans ces derniers temps ont été remplacées par la grille longeant la *rue de Rivoli*. Cette porte, ébranlée par des coups violens, est enfoncée tout-à-coup, comme l'avoit été celle de la cour Royale; la même scène dont je venois d'être témoin à l'une des fenêtres du château se renouvelle en ce moment devant moi : une bande, également composée de Fédérés et de gens de la lie du peuple, débouche de la cour du Manége par l'issue qui lui est ouverte; elle se répand sur la terrasse, sans observer aucun ordre; un grand nombre se porte avec rapidité vers le pavillon principal. Cinq minutes de retard m'eussent fait tomber au milieu de cette affreuse cohue.

Il est pénible pour moi d'avoir à citer ici une particularité que j'eusse aimé mieux passer sous silence; mais je dois en rendre compte, d'après l'obligation que je me suis imposée de ne rien altérer dans le récit des événemens qui se sont passés sous mes yeux.

A la vue de ce torrent débordé, la Compagnie de Grenadiers-Suisses placée sur la terrasse du premier étage, n'écoutant plus sans doute la voix de ses chefs, loin de faire aucune démonstration de résistance, s'empresse de jeter par-dessus la balustrade ses armes dans le jardin : les fusils et leurs bayonnettes, les sabres, les gibernes, les bonnets pleuvent sur la terrasse au pied des murs du château; bientôt je vois la plus grande partie de ces malheureux soldats entièrement désarmés, lever les bras en l'air, et répondre aux cris de la canaille en proférant son exclamation favorite.... Inutile et fatale soumission! ils n'en seront pas moins massacrés comme ceux de leurs camarades qui du moins, par une lutte courageuse, auront su vendre chèrement leurs armes et leur vie !

Un pareil spectacle achève de me démontrer clairement, et l'inutilité de ma présence sur ce théâtre de désordre, et la nécessité où je suis, d'accélérer la retraite que j'ai commencée; sans m'arrêter plus long-temps, je poursuis donc mon chemin, toujours dans la même direction. Il semble qu'en tout ceci la Providence, par une protection spéciale, daigne guider mes pas (1). J'arrive sans encombre à la terrasse des Feuillans; j'y trouve à point nommé une porte ouverte devant moi; c'est celle d'un café, rendez-vous habituel de beaucoup de factieux; il n'y a personne dans ce moment; je le traverse sans obstacle; à l'instant où je touche le seuil de la

---

(1) Cet instant de ma vie n'est pas le seul à beaucoup près où j'aie pu m'appliquer les paroles du Psalmiste : « *Angelis suis mandavit de te, ut custodiant te in omnibus viis tuis.* » Loin de mon esprit toutefois l'idée d'attribuer à mes propres mérites cette assistance visible du Ciel, qui, dans le cours de la révolution, m'a fait heureusement traverser tant d'écueils et de circonstances périlleuses! Mais un sentiment porté chez moi jusqu'à l'intime conviction, c'est qu'au milieu de tous ces dangers, la prière humble et constante, les vœux ardens d'une tendre mère, dont je vénérerai jusqu'au dernier soupir la piété sincère et les hautes vertus, durent obtenir de la bonté de Dieu une faveur continuelle et des grâces multipliées pour son fils.

porte opposée, trois députés de l'Assemblée, parmi lesquels est *Bazire*(1), passent à un demi-pied de moi dans la cour du Manége; tous trois viennent des Tuileries, où vainement ils ont essayé, dit-on, de conjurer l'orage et d'empêcher le combat : ils sont pâles, défaits, et me paroissent trembler de tous leurs membres. Je les suis de loin jusqu'à la porte de l'Assemblée. Ce point-là est mieux défendu que ne l'étoit le palais du Roi : plusieurs pièces de campagne sont placées en dehors, à peu de distance de la porte d'entrée; une garde nombreuse semble disposée à les soutenir. Cependant le bruit du canon et de la mousqueterie, qui du château ne cesse de se faire entendre, cause parmi tout ce monde beaucoup d'inquiétude et d'agitation. J'y cherche en vain quelque personne animée des mêmes sentimens que moi, auprès de laquelle je puisse m'instruire de ce qui se passe dans l'intérieur, surtout de la situation du Roi et de sa famille. Tout ce que je vois, tout ce que j'entends, ne

---

(1) Je le connoissois de vue : les deux autres étoient, je crois, *Merlin*, et *Chabot* le Capucin apostat.

confirment que trop l'idée où je suis, que désormais mon bras et ma vie ne peuvent leur être utiles.... (1).

Je m'éloigne tout-à-fait de ces lieux de désolation. Quelques difficultés se rencontrent encore sur ma route : dans la *rue du Dauphin*, autour de *l'Église Saint-Roch*, je suis arrêté par des pelotons plus ou moins nombreux d'hommes armés, qui se dirigent sur les Tuileries; plusieurs veulent me forcer de rebrousser chemin et de marcher avec eux; je réussis à me dégager de leurs mains.

Harassé de fatigue, tourmenté par une soif ardente, j'arrive enfin dans la rue *Sainte-Anne*, où je trouve, chez le père de l'un de mes meilleurs amis, un asile sûr, et tous les secours qu'on peut attendre de la plus généreuse hospitalité. Mon premier soin, comme on l'imagine, est de mettre un terme à l'anxiété cruelle de mes chers Parens. Je suis assez heureux pour leur faire parvenir presque sur-le-champ quelques mots d'écrit où je les informois brièvement de

(1) . . . . *Si Pergama dextrâ*
Defendi possent, etiam hâc defensa fuissent.

ma délivrance miraculeuse après l'invasion du château par la canaille et par les Fédérés..

Sur la fin du jour je m'achemine vers eux. Bientôt je me retrouve dans leurs bras, et je remercie Dieu d'un double bienfait, puisqu'au même instant j'ai la consolation d'apprendre qu'à la suite de longues et terribles angoisses, mon brave et digne ami L.... a eu le bonheur de se tirer sain et sauf du massacre des Tuileries.

N. B. Le calendrier romain fixe précisément au 10 *août* la fête de *Saint Laurent martyr*. En jetant les yeux sur un livre d'église, on est surpris de la quantité de passages qui, dans l'office de ce jour, s'appliquent avec une parfaite justesse à l'événement que rappelle un si douloureux anniversaire. Je vais citer ici quelques-uns de ceux qui m'ont paru le plus remarquables.

D'abord, pour ce qui regarde notre malheureux Roi, je ne crois pas qu'on pût trouver, dans toute l'Écriture-Sainte, d'applications plus justes que celles-ci :

« Fortitudo simplicis via Domini; justus in æternùm non commovebitur. »
(Comm. d'un mart. vép., 1re ant.)

« L'homme juste marche avec confiance dans les voies du Seigneur; son courage ne sera jamais ébranlé. »

« Qui timet Dominum nihil trepidabit; et non pavebit quia ipse est spes ejus. »
(Id. — id. — 2e ant.)

« Il craint Dieu et il ne tremblera point; c'est dans le Seigneur qu'il a placé toutes ses espérances. »

« Qui audit sapientiam, permanebit confidens ».
(Id. — id. — 3e ant.)

« Il écoute la sagesse, et il demeure ferme au milieu des dangers. »

« Ceperunt me inimici mei gratis; dixi : Perii; vocem meam, Domine, audisti. Dixisti : Ne timeas; judicasti causam animæ meæ, Redemptor vitæ meæ. Ego non solum alligari, sed et mori paratus sum, propter nomen Domini Jesu. »
(Id. — R du capit.)

« Ceux qui me haïssoient sans motif se sont emparés de moi; j'ai dit : Je vais périr; vous avez entendu ma voix, Seigneur; vous avez dit : N'ayez point de crainte. Vous avez jugé la cause de mon âme, ô Rédempteur de ma vie! *Je suis prêt, non-seulement à me voir enchaîner, mais encore à mourir pour le nom du Seigneur Jésus.* »

« In Deo speravi; non timebo quid faciat mihi caro. »
(Comm. d'un mart. et R après l'hymne.)

« J'espère en Dieu; je ne crains rien de ce que la chair peut entreprendre contre moi. »

« Probasti, Domine, cor meum et visitasti nocte. Igne me examinasti, et non inventa est in me iniquitas ».
(Messe de S. Laurent, Grad.)

« Vous avez sondé mon cœur, ô mon Dieu; vous l'avez visité durant la nuit. Vous m'avez éprouvé par le feu, et il ne s'est pas trouvé en moi d'iniquité. »

| « Glorificatus sum in oculis Domini, et Deus Dominus factus est fortitudo mea. » | » J'ai été glorifié aux yeux du Seigneur; lui seul fait mon soutien et ma force. » |

(*Id. — Communion.*)

Et quant à l'auguste fille du Roi martyr, à cet ange consolateur que nous avons le bonheur aujourd'hui de revoir au milieu de nous, ne semble-t-il pas que l'épître du jour, ainsi que plusieurs versets de l'office, aient été composés tout exprès pour elle ?

Lectio libri Ecclesiastici, cap. 51.	*Lecture du livre de l'Ecclésiastique, chap.* 51.
« Confitebor tibi, Domine Rex, et collaudabo te Deum Salvatorem meum ; confitebor nomini tuo, quoniam adjutor et protector factus es mihi, et liberasti corpus meum à perditione, a laqueo linguæ iniquæ et a labiis operantium mendacium; et in conspectu astantium factus es mihi adjutor. Et liberasti me, secundùm multitudinem misericordiæ nominis tui, à rugientibus præparatis ad-	« Je vous rendrai grâces, Seigneur; je chanterai les louanges du Dieu qui m'a sauvée. Je bénirai votre nom, parce que vous avez été mon soutien et mon protecteur, parce que vous m'avez délivrée des dangers qui menaçoient ma vie, des embûches que l'iniquité m'avoit dressées, de la rage et de la perfidie de ces hommes dont les lèvres ne proféroient que d'affreux mensonges. Vous vous êtes déclaré mon appui à la face de l'univers : j'ai trouvé mon salut, parce que j'ai invoqué votre nom, et que vous m'avez prise en pitié, entourée que j'étois de monstres rugissans qui se préparoient à

» escam, de manibus quæ-
» rentium animam meam,
» et de portis tribulatio-
» num quæ circumdede-
» runt me; à pressurâ
» flammæ quæ circumde-
» dit me (et in medio
» ignis non sum æstuatus;)
» de altitudine ventris in-
» feri, et à linguâ coinqui-
» natâ et à verbo menda-
» cii, ab hominibus iniquis
» et à linguâ injustâ. Lau-
» dabit usque ad mortem
» anima mea Dominum, et
» vita mea appropinquans
» erat in inferno deor-
» sùm. Circumdederunt
» me undique, et non erat
» qui adjuvaret. Respi-
» ciens eram ad adjuto-
» rium hominum, et non
» erat. Memoratus sum mi-
» sericordiæ tuæ, Domine,
» et operationis tuæ quæ
» à sœculo sunt; quoniam
» eruis sustinentes te, Do-
» mine, et liberas eos de
» manibus gentium. »
(*Messe de S. Laurent, Epître.*)

« Ecce præcipio tibi,
» confortare et esto robus-
» tus. Noli metuere et noli
» timere, quoniam tecum
» est Dominus Deus tuus. »
(*Comm. d'un mart. Capit.*)

» me dévorer. Vous m'avez retirée
» des mains de ceux qui en vou-
» loient à mes jours; vous avez
» ouvert les portes de ce lieu de
» douleur où j'avois été assaillie de
» tant de tribulations. L'incendie
» m'environnoit de toutes parts;
» mais mon courage ne m'a point
» abandonnée, et votre secours, ô
» mon Dieu, m'a préservée de ses
» atteintes. Soutenue par votre bras
» tout puissant, je suis sortie de la
» profondeur des entrailles de l'en-
» fer, du milieu de ces hommes
» dont la bouche impie vomissoit
» le blasphème et d'horribles in-
» jures. Jusqu'à la mort, mon âme
» bénira le Seigneur qui m'a re-
» tirée du bord de l'abîme. Assié-
» gée par une multitude d'ennemis,
» je n'avais personne pour me dé-
» fendre : j'attendois du secours
» de la part des hommes, et il ne
» m'en venoit point. Alors, ô mon
» Dieu! je me suis souvenue de
» votre miséricorde et de vos bon-
» tés, qui se sont manifestées dans
» tous les siècles. C'est vous qui
» arrachez au péril les âmes qui
» placent en vous leur confiance;
» c'est vous qui les faites triom-
» pher de la fureur des nations
» conjurées contre elles. »

« Voici ce que je vous ordonne :
» soyez ferme et remplie de con-
» fiance; ne craignez point, ne
» vous alarmez pas, car le Sei-
» gneur votre Dieu est avec vous.

« Deus illam conserva-
» bit et liberabit à malis,
» et non illidetur quasi
» in procellà navis. »
(*Id. 5ᵉ ant.*)

« Dieu la conservera et la sau-
» vera de tout danger ; elle ne sera
» point brisée comme un vaisseau
« dans la tempête. »

« Dominus mihi adju-
» tor ; non timebo quid
» faciat mihi homo. Do-
» minus mihi adjutor, et
» ego despiciam inimicos
» meos. Confitemini Do-
» mino, quoniam bonus,
» quoniam in sœculum mi-
» sericordia ejus. »
(*Messe de S. Laurent, intr.*)

« Le Seigneur est mon soutien ;
» je ne craindrai rien de ce que
» l'homme pourra entreprendre
» contre moi. Le Seigneur est mon
» soutien, et je mépriserai mes
» ennemis. Rendez gloire au Sei-
» gneur, parce qu'il est bon, parce
» que sa miséricorde est éternelle. »

« Tanquàm prodigium
» factus sum multis; et tu,
» Domine, adjutor fortis.
» Repleatur os meum lau-
» de, ut cantem gloriam
» tuam. »
(*Id. — Grad. 2ᵉ partie.*)

« Je suis devenue comme un
» prodige aux yeux de la multi-
» tude ; c'est vous, Seigneur, qui
» m'avez puissamment protégée.
» Que ma bouche ne cesse de pro-
» férer vos louanges et d'exalter
» votre gloire ! »

« Eripuisti me de tem-
» pore iniquo ; propterea
» confitebor et laudem di-
» cam tibi, et benedicam
» nomine Domini. »
(*Id. — Process.*)

« Vous m'avez sauvée de ces
» temps malheureux où triom-
» phoit l'iniquité : je vous adres-
» serai l'hommage de mon cœur
» reconnoissant, et je bénirai le
» nom du Seigneur. »

« Factus es, Domine,
» susceptor meus et refu-
» gium meum in die tri-
» bulationis. »
(*Comm. d'un mart., Rep de nones.*)

« Vous avez été, aux jours de la
» tribulation, mon protecteur et
» mon asile. »

« Tu, Domine, adju-
» visti me et consolatus
» es me ».
(*Id. — id.*)

« C'est vous, Seigneur, qui
» m'avez aidée et consolée. »

« Post tempestatem tran-
» quillum facis, Domine,
» et post lacrymationem
» et fletum, exaltationem
» infundis. Sit nomen
» tuum, Deus Israël, be-
» nedictum in sœcula ! »
(*Id. — id.*)

» A la tempête vous avez fait
» succéder le calme; après les pleurs
» et le deuil vous versez l'allégresse
» dans les cœurs. Que votre nom,
» Dieu d'Israël, soit béni dans l'é-
» ternité ! »

SUPPLÉMENT.

Dans la relation qui précède, je me suis, autant qu'il a dépendu de moi, conformé au plan que dès le principe j'avois adopté. C'est, je le répète, un *témoin oculaire*, qui trace le tableau de tous ces faits si malheureusement mémorables. Je n'ai pu faire autrement que de rendre compte du point d'où je les ai vus, ainsi que de la situation où je me trouvois moi-même, alors qu'ils se passèrent sous mes yeux; mais en résultat j'ai dû me borner à la simple narration de tout ce qui réellement eut lieu en ma présence, ou très près de moi, *depuis le moment de mon arrivée aux Tuileries, le 9 août, à midi, jusqu'à dix heures du matin environ, dans la journée du lendemain.*

Quant aux circonstances postérieures à ma retraite, je ne me permettrai d'ajouter ici qu'un court résumé. Personne maintenant n'en ignore les principaux détails. Il est facile de les juger sainement, et d'après plusieurs ouvrages que j'ai eu occasion de citer, et d'après de précieux aveux consignés par les révolutionnaires eux-mêmes, dans les journaux du temps ou dans divers écrits, et surtout d'après une *tradition* aujourd'hui généralement répandue. Ce sont, à l'époque où j'écris, des *points de fait* reconnus *incontestables* :

D'abord, que la courageuse résistance d'une très-petite portion du régiment des Gardes-Suisses produisit sur la masse entière des assaillans un effet tellement prompt et terrible, que peut-être cette manœuvre (si on l'eût employée plus tôt, ou du moins si d'autres forces l'eussent bien soutenue), aurait suffi pour dissiper tout-à-fait le rassemblement (1);

(1) Il n'est que trop prouvé maintenant qu'à cette époque le gouvernement succomba *faute d'avoir connu sa force*. Le feu roulant d'une ou de deux Compagnies sorties des étages inférieurs du château réussit à mettre en fuite toute la populace ramassée autour des Tuileries! Qu'eût-ce été si, au lieu d'évacuer les cours et d'entasser la garnison dans les appartemens supérieurs, où le désordre et le défaut d'espace paralysoient complètement ses moyens, on eût conservé seulement les positions occupées depuis la veille, si l'on se fût ainsi mis en état de coordonner les mouvemens des divers corps et de les faire agir au besoin sur tous les points à-la-fois ?

Deux avantages décisifs eussent été le fruit d'une telle

En second lieu, qu'au bruit des premières décharges, qui jetèrent l'épouvante jusque dans le sein de l'Assemblée, notre infortuné Roi, toujours guidé par les mêmes sentimens de douceur et d'humanité, mais éloigné du théâtre de l'affaire, et par conséquent hors d'état d'en juger avec discernement, s'empressa, au préjudice de sa propre cause et du salut de ses fidèles défenseurs, de faire usage de la seule portion de pouvoir qui restât entre ses mains; que son dernier acte d'autorité fut un ordre formel, signifié en son nom aux Officiers Suisses, pour qu'immédiatement ils eussent à faire *cesser le feu;* que cette injonction, à laquelle ils n'obéirent que d'une manière trop ponctuelle, inspirant aux factieux une entière sécurité, fit revenir ceux-ci à la charge avec d'autant plus d'ardeur, qu'ils étoient certains

résolution : la horde des révoltés auroit été balayée en quelques instans, et *le plus grand nombre* (c'est-à-dire toutes les opinions flottantes, qui, pour se fixer, attendoient l'évènement), eût fait dès-lors cause commune avec le vainqueur.

Trojaque nunc stares. . . . *!*

désormais de ne plus éprouver d'obstacles à l'exécution de leurs coupables desseins ;

Enfin, que tous les massacres, toutes les horreurs qui suivirent ce fatal moment, furent la conséquence nécessaire d'un pareil ordre, puisqu'il mit à la fois, et les malheureux Suisses, et toutes les personnes encore réunies au château, dans l'impossibilité abolue de résister à la rage de leurs ennemis.

Cette dernière observation m'amène naturellement à joindre ici un résumé succinct de la conversation que j'eus le même soir avec mon ami L...., et dans laquelle il me rendit compte de ce qui lui étoit arrivé à lui-même, depuis le moment de notre séparation dans l'un des escaliers du château. J'ai lieu de croire que, d'après ce que j'ai dit de ce brave jeune homme, beaucoup de mes lecteurs n'auront pas manqué de prendre à son sort un vif intérêt. Je me reprocherois d'autant plus de passer sous silence les détails dont il me fit part, que cette espèce de supplément me paroît de nature à compléter la relation qui précède.

Rentré dans la maison de mon père, je m'étois empressé de quitter ce malheureux uniforme, qu'inutilement depuis deux mois j'avois repris pour la défense du Roi et de sa famille : dans un mouvement d'indignation, bien excusable sans doute, je m'étois promis de ne plus jamais revêtir un habit souillé à mes yeux par les événemens de cette horrible journée (1). Je cours au devant de mon ami, qui de son côté s'apprêtoit à venir me joindre.... Avec quelle satisfaction indicible nous restons long-temps serrés dans les bras l'un de l'autre !... (2) Enfin,

---

(1) Jusqu'au mois de janvier 1814, c'est-à-dire pendant vingt-deux ans consécutifs, j'ai tenu fidèlement cette promesse. Mais (admirons les vues de la Providence !) lorsqu'à l'époque dont je viens de parler, un concours de circonstances bizarres me plaça malgré moi dans la nécessité de reprendre le même habit, je ne faisois au fond que me préparer pour un nouvel ordre de choses encore loin de ma pensée : sans le savoir, je me mettois ainsi en état d'accueillir, à leur prochain retour, notre Roi et nos Princes légitimes, de grossir leur escorte, de les garder dans ce même palais d'où la violence et la révolte avoient arraché sous mes yeux leur plus proche parent; de trouver enfin, dans l'accomplissement d'un si honorable devoir, le seul dédommagement possible à des pertes malheureusement irréparables !

(2) Hélas ! après une séparation de plus de trois ans, nous ne devions nous revoir que pendant la durée d'un

il se met en devoir de satisfaire ma juste impatience; voici les particularités que j'apprends de lui.

« Jusqu'au moment où l'on entendit la pre-
» mière décharge, il n'avoit pas cessé d'insister
» vivement pour se faire ouvrir la grille; c'é-
» toit un obstacle qu'il espéroit vaincre; aussi
» m'avoit-il laissé descendre seul, imaginant
» que je n'aurois pas le temps d'aller loin, et
» que bientôt il lui suffiroit de m'appeler pour
» me faire remonter vers lui. — Tout-à-coup
» le bruit du feu l'oblige de renoncer à cette
» idée; il abandonne la grille; il veut me re-
» joindre; mais, au lieu de descendre comme
» moi jusqu'au bas de l'escalier, il s'arrête à
» l'entrée d'un corridor, où bientôt il s'engage,
» croyant que j'ai pris le même chemin.

» Après divers détours dans cette partie du
» château, dont les communications intérieures
» lui sont inconnues; après avoir descendu,
» remonté, puis descendu encore, il arrive à

---

automne (celui de 1795), qu'il vint passer à Chambéry, près de moi! Trois mois plus tard, une cruelle maladie devoit me l'enlever pour jamais!

» un passage du rez-de-chaussée, qui n'existe
» plus aujourd'hui, ou dont on a du moins
» changé tout-à-fait la disposition (1). Là, rien ne
» le sépare plus de la *cour des Princes* qu'une
» petite grille de fer à un seul battant, qu'il
» trouve fermée.

» Cette situation lui paroît favorable pour
» escarmoucher contre les bandes qui, de la
» cour, sont occupées à tirer sur le château. Il
» s'embusque dans un recoin, à droite de la
» porte; bientôt un autre garde national, qu'il
» ne connoît pas, vient au même endroit; tous
» deux se réunissent et font feu alternativement
» à travers les barreaux de la grille, se retirant
» chaque fois derrière le mur pour charger
» leurs armes. Mais mon ami n'avoit en tout
» qu'une vingtaine de cartouches; son cama-
» rade n'étoit pas mieux approvisionné que lui:
» les munitions une fois épuisées, ils se voient
» obligés de faire retraite, et de songer à trou-

(1) Ce passage, autrefois permis au public, conduisoit de la cour des Princes à la grande terrasse, en tra-
versant le corps-de-logis du palais attenant au pavillon
de Flore; on l'a beaucoup augmenté en largeur et en
élévation pour faire le vestibule sous lequel entrent
à présent les voitures du Roi.

» ver un asile où ils puissent attendre en sûreté
» l'issue du combat.

» Après avoir tenu conseil, l'un et l'autre se
» décident à gagner, non pas les étages supé-
» rieurs, mais bien plutôt les caves ou les cui-
» sines souterraines du château. Ils descendent
» donc au-dessous du rez-de-chaussée; pendant
» assez de temps, ils en sont réduits à errer dans
» de longs corridors obscurs, où, de distance
» en distance, ils rencontrent des portes com-
» muniquant à différentes pièces; toutes sont
» fermées; c'est en vain qu'ils frappent pour se
» faire ouvrir. Enfin une de ces portes, close
» avec moins de soin que les autres, cède à leurs
» efforts; ils pénètrent dans une cuisine, où déjà
» se sont réfugiés un canonnier royaliste et un
» soldat du régiment des Gardes-Suisses.

» Ce seroit chose trop longue de raconter ici
» tout ce qu'éprouvèrent, tout ce que firent
» mon camarade et ses compagnons, pendant
» plus de deux heures qu'ils demeurèrent dans
» ce souterrain.

» D'abord ils forment le projet de s'y bar-
» ricader pour soutenir au besoin une espèce
» de siége. Dans ce dessein, ils dérangent à

» grand'peine et entassent contre la porte, de
» grosses tables, des buffets, des planches, en
» un mot tout ce qu'ils trouvent sous leur main.
» En s'occupant de ce travail, ils découvrent un
» jeune homme employé au service des cuisines,
» qui, transi de frayeur, s'étoit blotti dans un
» coin obscur; à la proposition que lui fait mon
» ami de troquer ensemble leurs vêtemens,
» le pauvre garçon se jette à genoux, et supplie
» avec tant d'instances, qu'il y eût eu vraiment
» de la barbarie à insister sur une pareille de-
» mande. Tous, d'un commun accord, achè-
» vent donc l'opération qu'ils ont entreprise.....
» Comment, dans la circonstance, pouvoient-ils
» se fier sur une précaution, bonne tout au plus
» contre des voleurs ordinaires ? Long-temps
» néanmoins ils persistent dans la résolution
» de se défendre ou de faire payer chèrement
» leur vie.

» Mais durant cet intervalle la situation des
» défenseurs du château étoit devenue tout-à-
» fait déplorable. Un instant, ainsi que je l'ai
» dit plus haut, elle avoit semblé s'améliorer,
» par l'effet extraordinaire que produisit cette
» sortie aussi heureuse qu'intrépide d'une ou de

» deux compagnies suisses, qui, seules et sans
» être soutenues, ni par du canon, ni par au-
» cun corps de cavalerie, repoussèrent la po-
» pulace, en y jetant la terreur et la confusion.
» Malheureusement le reste des troupes, amon-
» celé dans l'intérieur des appartemens, et n'y
» conservant aucune espèce d'ordre, n'avoit
» pu se porter à temps au soutien de ces bra-
» ves; d'un autre côté, l'ordre de *cesser le feu*,
» signifié aux Suisses de la part du Roi, avoit
» forcé la petite troupe victorieuse de s'arrêter
» tout d'un coup, et, par suite, de rétrograder.
» Les assaillans remis de leur frayeur s'é-
» toient avancés de nouveau, d'abord vers le
» Carrousel, puis bientôt jusque dans les cours :
» redevenus, sans coup férir, maîtres du ter-
» rain, disposant désormais en toute liberté,
» non-seulement de leurs pièces, mais encore
» de celles qu'on nous avait fait abandonner,
» il ne leur restoit plus qu'à se livrer impuné-
» ment à tout l'instinct de la rage et de la plus
» lâche férocité. *Tuer, massacrer, piller*, telle
» étoit la mission que ces forcenés avoient re-
» çue. Qui ne sait l'exactitude avec laquelle ils
» la remplirent ?

» La position particulière où se trouvent mon ami et ses compagnons ne leur permet de s'apercevoir que les derniers, de la fâcheuse tournure qu'ont prise les affaires. Le bruit de la mousqueterie et du canon ne cesse de résonner sous les voûtes; mais ce bruit déjà n'est plus, comme ils l'imaginent, l'effet d'une attaque et d'une défense réciproques; depuis long-temps on ne tire que d'un côté; c'est uniquement le feu de l'ennemi qu'ils entendent; et ce feu désormais n'a d'autre but que d'assassiner et de détruire.

» Enfin la fusillade devient moins vive, quoique l'artillerie tonne sans discontinuation ; tout leur annonce que la canaille est décidément maîtresse du château.

» De l'endroit où ils sont cachés, mes pauvres camarades commencent à entendre, dans le corridor même, les pas précipités d'hommes qui vont et viennent, dont les uns se sauvent, tandis que d'autres les poursuivent ; puis les cris de *tue, tue* ; et le bruit de coups de fusil tirés sur des malheureux à qui l'on ne paroît faire nul quartier.

» Plus près de la pièce où ils se trouvent, des

» portes sont enfoncées à coups de crosse; la
» horde assassine pénètre dans les réduits dont
» elles lui fermoient l'entrée; aux cris lamen-
» tables qui en sortent, on peut juger que de
» nouvelles victimes viennent de tomber sous
» ses coups.

» Plusieurs fois déjà l'on a passé devant leur
» souterrain; mais, soit à cause de l'obscurité
» qui règne dans cette partie du corridor, soit
» parce que l'ardeur de la poursuite a empêché
» les assaillans d'en remarquer la porte, on ne
» leur a fait encore ni injonction ni menaces.
» Cependant, au point où en sont les choses,
» nos prisonniers ne peuvent se flatter de l'es-
» poir d'échapper long-temps aux recherches
» et à la fureur de ces hommes affamés de meur-
» tres et de sang.

» Dans une si périlleuse extrémité, le Ca-
» nonnier ouvre un nouvel avis : au lieu de
» persister dans ce projet de résistance qui n'of-
» fre aucun moyen de salut, il propose à ses
» compagnons d'autres expédiens dont il est
» permis du moins d'attendre quelque succès ;
» on approuve son idée ; tous ensemble se met-
» tent à l'œuvre ; ils débarrassent la porte ; ils

» replacent les choses dans le premier état; puis
» les trois Gardes-nationaux et le soldat
» Suisse se dépouillent de leurs armes qu'ils
» cachent avec soin; ils en font de même de
» leurs bonnets, chapeaux, gibernes, en un
» mot de toutes les pièces de leur équipement;
» pour assurer mieux le succès de la ruse, ils
» ôtent encore leurs cols et leurs guêtres, dé-
» boutonnent les revers de leurs habits, bar-
» bouillent leurs visages avec de la suie, enfin
» se réduisent à un état de désordre aussi com-
» plet qu'on puisse l'imaginer.

» Ces dispositions étoient à peine terminées;
» une bande de furieux s'arrête devant la pièce
» où ils sont : — *Voici une porte! ouvrez, ou-*
» *vrez, là-dedans; ou nous allons enfoncer!*
» Sans attendre la réponse, déjà plusieurs coups
» de crosse ont ébranlé la fermeture trop foible
» pour résister. Mon ami et ses deux camarades
» se tenoient prêts pour cette sommation : ils
» s'empressent d'ouvrir, et poussant les cris
» *obligés* (*vive la nation! vive la liberté!* etc.),
» ils se jettent, les bras étendus, au milieu du
» groupe qui ne s'ouvre que pour les envelop-
» per de toutes parts. Ils voient briller à leurs

» yeux les sabres et les baïonnettes; bientôt
» la pointe en est dirigée sur leurs poitrines....
» Mais l'aspect du canonnier, qui s'est présenté
» le premier, et dont on a reconnu l'uniforme,
» semble, comme un talisman, arrêter le bras
» des assassins et suspendre l'effet de leur
» rage. Une explication a lieu entre eux et mes
» camarades : c'est le canonnier, garçon d'es-
» prit, qui se charge presqu'à lui seul de plai-
» der la cause de tous : il forge une histoire
» dont les détails, faits à plaisir, n'en sont pas
» moins vraisemblables; par son assurance,
» par la vivacité de son débit, il réussit à con-
» vaincre la plus grande partie de ces hommes
» grossiers que réellement ils sont *ses libé-*
» *rateurs;* que lui-même et les camarades
» qui sont avec lui ont été enfermés dans ce
» souterrain, à cause de leurs sentimens patrio-
» tiques trop tôt manifestés; qu'on les y a mis
» le matin même, après les avoir désarmés et
» réduits à l'état où ils sont; que les coups de
» crosse donnés contre la porte ont ébranlé
» la serrure et facilité leur sortie, etc. etc. Dans
» le nombre des auditeurs, un ou deux incré-
» dules refusent encore d'ajouter foi à son récit;

» mais tous les autres s'écrient : — *C'est un ca-*
» *nonnier ! C'est un des nôtres ! Il faut le croi-*
» *re !* — Puis, s'adressant à lui-même : — *Tu*
» *nous réponds de tes camarades, n'est-ce*
» *pas !* — *Oui mes amis, j'en réponds corps*
» *pour corps.* — Il n'en faut pas davantage ;
» les sabres s'abaissent ; trois hommes se déta-
» chent de la bande ; l'un d'eux prend le canon-
» nier sous le bras ; les deux autres en font autant
» de mon ami et de son camarade ; tous ensemble
» s'acheminent par le corridor et par l'escalier,
» pour remonter au niveau des cours.

» Quant au pauvre Suisse et au cuisinier, ni
» l'un ni l'autre n'avoient osé se montrer pen-
» dant la conversation ; restés dans le fond de
» la pièce, mon ami ne put me dire quel avoit
» été leur sort ; mais il craignoit bien que le
» surplus de la bande, entré dans le souterrain
» après leur départ, n'eût pas voulu les com-
» prendre dans cette sorte d'amnistie.

» Avant d'arriver à la cour Royale, où leurs
» guides les conduisent, on les fait passer dans
» les appartemens du rez-de-chaussée. (1) Quel

1. Ceux de Monseigneur le Dauphin

» épouvantable spectacle s'offre à leurs re-
» gards! au lieu des parquets, ils n'aperçoivent
» qu'une mare de sang, à travers laquelle il leur
» faut marcher; toutes les pièces qu'ils parcou-
» rent sont jonchées des corps d'une multitude
» de victimes égorgées depuis peu d'instans; il y
» en a de tout âge, de tout rang, de tout sexe; la
» plupart sont des militaires, et surtout des Suis-
» ses. Dans le nombre, quelques-uns blessés à
» mort, mais non expirés, font encore des mou-
» vemens; ils lèvent douloureusement les bras,
» en poussant des cris plaintifs; et tandis que
» mon malheureux ami enjambe par-dessus ces
» corps, de peur de les heurter, une troupe
» de tigres, éparse dans les appartemens où elle
» s'occupe du pillage, prend plaisir à les fouler
» sous ses pieds, à les percer, en passant, de
» la pointe du sabre ou de coups de baïon-
» nette.

» Echappé plus mort que vif du milieu de
» cette exécrable boucherie, et parvenu jus-
» qu'à la grande cour, les hommes qui l'ont
» accompagné lui annoncent, ainsi qu'à ses ca-
» marades, qu'ils doivent rester là *pour tra-*
» *vailler, avec les patriotes, à la réduction du*

» *château.—Mais, mes amis, à quoi pouvons-*
» *nous vous servir? nous n'avons point d'ar-*
» *mes; vous savez bien qu'on nous les a enle-*
» *vées!—Eh bien! prends cette barre de fer, et*
» *occupe-toi à quelque chose, ne fût-ce qu'à*
» *passer des gargousses.* — En effet, on place
» mon ami entre un caisson et une pièce. Bien
» que, depuis long-temps, toute résistance eût
» cessé du côté opposé, les révolutionnaires
» n'en continuoient pas moins le feu de leur
» artillerie : animés d'une rage aveugle et bru-
» tale, ils n'avoient plus d'autre but que de
» dégrader à plaisir la façade et la toiture du
» palais. Pendant un quart-d'heure environ,
» le pauvre L... se voit contraint à ce pénible
» service. Enfin une occasion se présente : c'est
» un convoi de blessés qu'on va mener à l'*Hô-*
» *tel-Dieu*, et pour lesquels on demande une
» escorte; mon ami s'offre avec empressement;
» on l'accepte; bientôt la voiture est en route;
» il la suit, n'ayant d'autre arme que sa barre
» de fer sur l'épaule; c'est ainsi qu'il a le bon-
» heur de franchir la porte et de traverser le
» Carrousel : quelque temps encore il accom-
» pagne le convoi qui se dirige par le quai du

» Louvre; mais parvenu près du pont Neuf,
» devant une maison à double issue, il s'éloi-
» gne sous un léger prétexte, traverse ce pas-
» sage, arrive dans la rue située de l'autre cô-
» té; de là, par le chemin le plus court, il ga-
» gne notre quartier, et vient, par sa présen-
» ce, mettre fin aux mortelles inquiétudes dont
» sa famille étoit tourmentée (1) ».

Telle est en substance la relation que me fit mon camarrde : je n'ai pas besoin sans doute d'en attester ici la scrupuleuse exactitude.— Aux détails qu'elle présente, il me paroît convenable de joindre encore ici quelques mots sur l'un de MM. les Officiers Suisses dont le nom se trouve cité dans le courant de ma narration.

En racontant l'entretien que j'eus, pendant la soirée du 9, avec un certain nombre de ces

---

(1) A l'aspect de leur fils, les parens de mon ami reculèrent de frayeur; on peut se figurer, d'après ce que j'ai dit ci-dessus, non-seulement le désordre de ses vêtemens et de ses cheveux, mais aussi tout ce qu'y ajoutoient de repoussant le noir dont il s'étoit barbouillé le visage, la sueur dont il étoit couvert, et l'état horrible de sa chaussure encore toute empreinte du sang dans lequel on l'avoit fait marcher.

-officiers, j'ai touché quelque chose de l'un de leurs camarades, nommé M. *de La Corbière*: j'ai dit qu'il étoit de ma connoissance, et que, nouvellement entré au régiment, il montoit ce jour-là une de ses premières gardes. Je n'avois fait que l'entrevoir le même jour aux Tuileries; et depuis lors n'en ayant pas eu de nouvelles, je craignois bien qu'il ne fallût le compter au nombre des victimes de la fatale journée du lendemain.

Vers la fin de novembre 1792, trois mois et demi après l'événement, l'armée des Alpes s'étant depuis peu de temps emparée de la Savoie, je me trouvois avec le Directeur-général des Vivres de cette armée (sous les ailes de qui je m'étois réfugié), dans la maison de M. *Fabry*, à *Evorde,* non loin de *Genève.* J'eus le désir de visiter cette ville, que je ne connoissois pas encore; il falloit une permission; je l'obtiens; et comme le temps étoit beau, je fais la partie d'y aller à pied, en compagnie d'une ou deux autres personnes. Arrivé sous les murs de la place, du côté de *Carrouge*, à l'une des portes appelée *la Porte de la Treille*, j'aperçois sur le pont-levis un factionnaire revêtu d'un habit bourgeois, le fusil sur l'épaule, la cocarde noire au chapeau; je le regarde en passant; lui-même s'arrête pour m'examiner.... Bientôt l'expression de la plus vive surprise se peint à-la-fois sur nos deux physionomies... c'étoit M. *de La Corbière*, échappé des massacres de Paris, sauvé en Suisse, et montant la garde aux portes de Genève, comme habitant de cette ville.

L'heure de sa faction finie, nous nous rejoignons; il me raconte en gros ses aventures. « Dans la matinée du 10 août, il s'étoit trouvé
» du petit nombre des militaires de son régi-
» ment qui avoient pu combattre les révoltés,
» face à face; mais une fois l'ordre venu de *cesser le feu*, il avoit été forcé, comme les au-
» tres, de rétrograder, puis bientôt après de
» quitter le château. Sorti, ainsi que moi, du
» côté du jardin, il avoit déjà gagné les parter-
» res; il y trouve un officier du régiment (*M.*
» *de Zimmerman*, je crois), grièvement bles-
» sé à la cuisse, étendu sur le sable, et dans
» l'impuissance absolue de faire un pas. M. *de*
» *La Corbière*, ému de compassion envers son
» camarade, se place derrière lui, le soulève

» par les deux bras, et entreprend de le traî-
» ner, en marchant à reculons, jusqu'à un en-
» droit de la terrasse des Feuillans où il aper-
» çoit de loin quelques hommes réunis; déjà il
» approchoit de son but, lorsque lui-même est
» frappé par derrière d'un coup violent sur la
» tête; il tombe et perd tout-à-fait connois-
» sance.

» Il ne reprit ses sens que dans un des bu-
» reaux de l'Assemblée; un commis attaché à
» ces bureaux se trouvoit auprès de lui et lui
» prodiguoit toutes sortes de soins; c'étoit son
» libérateur; il avoit été ramassé dans le jardin
» par ce brave jeune homme, qui sur-le-champ
» l'avoit fait transporter en lieu sûr; déjà un
» chirurgien étoit venu le panser. Dans la soi-
» rée, le même commis lui procure d'autres ha-
» bits; à l'aide de ce déguisement, il est con-
» duit sans obstacle au domicile du jeune
» homme; il y reste plusieurs jours pendant les-
» quels il continue d'être soigné par son hôte
» et par le chirurgien, jusqu'à parfaite gué-
» rison. Toujours aidé de ces mêmes person-
» nes, dès qu'il est en état de sortir, il obtient
» (sous un autre nom je crois que le sien), un

» passe-port pour l'étranger. C'est ainsi qu'il
» échappe aux massacres du 2 septembre, où
» périrent encore plusieurs Officiers de son ré-
» giment qui, pourtant avoient été sauvés com-
» me lui des horreurs de la funeste journée. »

~~~~~~~~~~~~~~~

Je m'arrête, bien que ma mémoire pût me fournir encore sur cet affreux événement quelques détails d'un assez grand intérêt. J'en ai dit assez, je pense, pour faire apprécier à-la-fois, et les causes éloignées qui amenèrent une si détestable entreprise, et la noire méchanceté des hommes qui la dirigèrent, et les horribles moyens qui en assurèrent le succès.

Je me flatte qu'après avoir lu ce récit, aucun homme sensé, aucun ami véritable de la religion, du trône et de la patrie, aucun de ceux enfin dont je suis jaloux de mériter l'estime ne me reprochera la publicité donnée à de telles particularités. C'étoit, à mon avis, une sorte de devoir que m'imposoit ma conscience, et que jusqu'à présent je regrettois de n'avoir pu remplir.

Puisse la génération qui s'élève sous nos yeux trouver dans cet écrit quelques leçons utiles! Avertie par l'un de ceux qui ont traversé tant de périlleux écueils, puisse-t-elle les éviter avec soin, dans la route qu'elle doit à son tour parcourir!

Daigne surtout la divine Providence éloigner désormais du trône de Saint Louis la tempête et les orages sous lesquels naguère je l'ai vu renversé! Que sa toute puissante bonté protége cet enfant miraculeux accordé par elle à nos vœux et à nos ardentes prières! Qu'elle le fasse croître, pour le bonheur de nos neveux, en sagesse, en grâce, en vertus! nous la remercierons, en nous écriant : *Lætati sumus pro diebus quibus nos humiliasti, annis quibus vidimus mala!*

(Ps. 89. v. 17.)

C. H. DD.

Paris, ce 29 septembre 1821.

CONCLUSION.

Je ne croirois pas ma tâche tout-à-fait remplie si je n'ajoutois, en terminant ce petit ouvrage, quelques réflexions, qui en sont comme le résumé.

Dans une des notes de mon récit (page 37), j'ai eu l'occasion de m'élever un peu contre l'incorrigible manie de certains hommes, qui maintenant encore, sans égard pour tant de désastres et d'attentats, ont la sottise ou la mauvaise foi de s'extasier devant *le génie de 1789*. A les entendre, rien de plus juste, de plus louable, de plus beau, que l'intention et les actes de la première de nos Assemblées. Qu'importe qu'elle ait bouleversé la France, ébranlé l'autel et le trône, et tout disposé pour la plus sanglante catastrophe? Le mot de *révolution* n'en est pas moins, à leurs yeux, un mot vénéré, qu'on doit prendre, en tant qu'il s'applique à cette époque, dans l'acception la plus favorable. Je crois véritablement que, s'il dépendoit de ces fanatiques de personnifier leur idole, ils n'hésiteroient point à en faire incessamment l'apothéose; et que tous tant que nous sommes, innocens ou coupables, bourreaux ou victimes, nous serions forcés de rendre un culte exclusif à cette sorte de divinité infernale, seule digne, à leur avis, des vœux et de l'hommage des humains.

Aussi, de quel frisson, de quelle terreur, ne sont-ils pas saisis tout-à-coup si l'on vient par hasard à prononcer en leur présence *le mot opposé!*

Dès l'année 1796, un profond Publiciste (*M. de Maistre*) disoit, avec autant de justesse que d'esprit : « Le rétablissement de la monar-
« chie, qu'on appelle *contre-révolution*, ne sera
» point *une révolution contraire, mais le con-*
» *traire de la révolution* (1). » Voilà précisément ce qui effrayoit les meneurs de ce temps-là, comme aujourd'hui encore la même expression blesse l'oreille de ceux qui se sont déclarés leurs représentans. J'ai beau chercher néanmoins, je n'en puis trouver une plus juste

---

(1) *Considérations sur la France*, page 168, dernière phrase de l'ouvrage.

pour qualifier la série d'événemens qui, depuis sept ans, s'est déroulée sous nos yeux...

Qu'ils viennent avec moi, ces apologistes d'une époque si féconde en malheurs. Qu'ils me suivent dans cette enceinte trop célèbre. J'y ferai devant eux l'énumération des scènes consolantes dont elle vient d'être le théâtre ; je les rapprocherai, les unes après les autres, de tant de faits désastreux qui les avoient précédées.

Ici, le plus vertueux et le meilleur des Rois, assailli dans le palais de ses pères par une populace aveugle et furieuse, se voit obligé, lui et sa famille, à chercher un asile auprès de ceux-là mêmes qui dirigeoient la révolte : pour prix de sa noble confiance, il est entraîné, du sein de leur assemblée, dans une affreuse prison, de cette prison à l'échafaud.

Là, les débris de l'auguste famille des Bourbons, les deux frères, la fille et les neveux du Roi martyr, conservés à notre amour par une suite de miracles, reprennent tranquillement possession de ce même palais, au milieu des acclamations et de l'ivresse d'un peuple immense, affamé de les voir, et impatient de rentrer sous leur paternelle domination.

Ici, réunis d'intention et d'efforts, quelques serviteurs dévoués, quelques soldats d'une nation la plus ancienne et la plus constante alliée de la France, demeurés seuls, au milieu de la défection générale, fidèles à leurs sermens, combattent envain pour défendre, contre la trahison armée, l'antique demeure de nos Rois; foible et dernier rempart opposé à la rage d'une faction sacrilége, ils tombent sur les marches du trône, les inondent de leur sang généreux, et s'ensevelissent tous ensemble sous les ruines de la Monarchie.

Là, comme le phénix ressuscité de ses cendres, une nouvelle troupe, également brave et fidèle, mais bien mieux armée, mais bien plus nombreuse, se rassemble en peu d'instans auprès du légitime Monarque et de ces Princes, l'objet constant de notre affection et de nos sollicitudes; à cette même place, arrosée du sang de leurs devanciers, reparoissent des corps complets de toute arme, rivalisant entre eux de dévouement et de zèle; chaque jour, une garde imposante, formée de l'élite des habitans de Paris et de troupes réglées, *Françaises* et *Suisses*, veille pour la défense de la royale Famille. Nos yeux, ravis, contemplent avec autant de joie que de sécurité ces phalanges respectables, dont le brillant uniforme et les couleurs variées rappellent aux vieux Français l'ancien éclat de la cour de nos Rois.

Enfin, et pour derniers traits à ce double tableau :

Le panache blanc d'Henri IV substitué au signe de la rébellion ;

Le drapeau sans tache déployé dans les airs, à la place où flotta si long-temps l'étendard du jacobinisme ;

Le cri de nos jeunes années, ce cri français de *vive le Roi!* frappant de nouveau les mêmes murs que souillèrent tant de vociférations révolutionnaires et impies ;

L'aspect d'une paix profonde, dans ces vastes cours et sur ce terrain où retentit si souvent le signal funeste annonçant à la France de continuels combats et la prolongation indéfinie d'une guerre qui sembloit devoir dévorer jusqu'au dernier de nos enfans;

Les qualifications vaines et pompeuses dont se targuoit l'Usurpateur du trône, disparoissant pour faire place aux dénominations pacifiques de *Roi très-chrétien*, de *fils aîné de l'église*, titres vénérables et sacrés qui, plus que jamais, justifiés par la piété de nos Princes et par l'influence salutaire de leurs augustes exemples, laissent entrevoir dans un prochain avenir (avec l'entière extinction des doctrines désolantes, subversives de toute civilisation comme de tout ordre), le retour sincère des Français à la foi de leurs aïeux, et le triomphe d'une religion, fille du ciel, source admirable de tout bien et de toute vertu.

Je pourrois étendre mes remarques et les fortifier par d'autres détails; mais à la vue du tableau que je viens de tracer, tout homme à qui reste encore la plus foible dose de sens commun et de bonne foi, doit demeurer convaincu de la vérité des deux propositions suivantes :

1° Les moyens violens, impies et cruels, employés par les révolutionnaires de 1789, pour changer en France la forme du gouvernement, ne pourront être, à tout jamais, qu'un objet de douleur et d'exécration pour les cœurs honnêtes, sincèrement attachés à la gloire et au bonheur de leur pays;

2° Suivant la réflexion judicieuse (on pourrait dire *prophétique)* de *M. le comte de Maistre*, l'heureux événement de l'année 1814, c'est-à-dire le rétablissement de la dynastie légitime des *Bourbons* sur le trône de France, doit être considéré comme *le contraire* de cette prétendue réforme de 1789 et des années suivantes, laquelle (ainsi que les résultats l'ont prouvé) n'étoit au fond qu'une entreprise criminelle contre la religion de nos pères et les droits sacrés de la famille de Saint Louis.

Que si, au mépris de tous ces témoignages, quelques esprits obstinés persistent dans leurs sentimens d'admiration pour le *principe* d'où découlèrent tant de maux, nous ne pourrons que les placer dans l'inévitable alternative de la *méchanceté* la mieux caractérisée, ou de la plus complète *ineptie*. C'est une tâche au-dessus de leurs forces, comme de tous les moyens humains, de prétendre séparer la *révolution* du hideux cortége de crimes dont elle marche environnée.

FIN DE LA RELATION DU 10 AOUT.

NOTICE HISTORIQUE

SUR

LES DERNIERS MOMENS

DE MONSEIGNEUR

LE DUC D'ENGHIEN,

OU

RÉCIT DE CE QUI S'EST PASSÉ A VINCENNES,
LORS DE LA MORT DE CE PRINCE.

AVERTISSEMENT.

La lettre qui suit, déjà imprimée en 1816, a paru chez M. *J.-J. Blaise, quai des Augustins, à la Bible d'Or.* Elle fut publiée par ce libraire, à l'occasion d'une gravure qu'il avoit fait exécuter d'après un tableau de M. *Roehn*, et qui représentoit *Louis XVI recevant le Duc d'Enghien au séjour des bienheureux.* L'auteur a jugé devoir en donner cette seconde édition, à cause de l'intérêt du sujet et de l'analogie qu'il présente avec la relation qui précède. Il s'agit encore ici de l'une des *œuvres de la révolution. L'anarchie* où la France fut plongée après l'époque du 10 *août* 1792, enfanta les crimes abominables du 21 *janvier* 1793, du 16 *octobre* de la même année, et du 10 *mai* de l'année suivante. Dans la marche ordinaire des choses, nous ne devions traverser cette *anarchie* que pour arriver au *despotisme* : celui-ci, à son tour, comme s'il eût craint que l'on doutât de sa honteuse origine, s'empressa bientôt de commettre un nouveau forfait, entièrement en harmonie avec ceux qui lui avoient frayé le chemin.

LETTRE

CONTENANT

QUELQUES NOUVEAUX DÉTAILS

Sur les circonstances qui ont immédiatement précédé la mort de S. A. S. Monseigneur le Duc D'ENGHIEN.

Paris, le 1ᵉʳ juillet 1816.

MONSIEUR,

Vous m'avez témoigné le desir de vous procurer par écrit les détails que je vous ai racontés de vive voix, et qui sont relatifs à l'affreux événement de la mort de S. A. S. Monseigneur le duc d'Enghien (1); je défère à ce vœu avec

---

(1) *Louis-Antoine-Henry de Bourbon, duc d'Enghien*, né à Chantilly, le 2 août 1772, mort à Vincennes, le 21 mars 1804, âgé de trente et un ans sept mois dix-neuf jours.

d'autant plus d'empressement, que la publicité qui probablement sera donnée par vous à mon récit contribuera, je l'espère, à jeter quelque jour sur les circonstances d'un attentat commis au milieu des plus épaisses ténèbres. Il étoit de l'intérêt de la tyrannie de l'envelopper d'un impénétrable mystère. C'est entre les murailles d'une prison d'État, c'est dans l'ombre de la nuit, que l'unique rejeton d'une illustre race a été en peu de temps jugé, condamné et livré aux bras de ses bourreaux. Le lieu de la scène, la précipitation apportée au dénouement de cette sanglante tragédie, le petit nombre des hommes qui en furent spectateurs, et dont le témoignage, d'ailleurs, ne pourroit qu'être suspect, à cause du rôle plus ou moins important qu'ils y ont rempli ; toutes ces considérations, Monsieur, me paroissent donner un certain prix aux informations que j'ai recueillies, et que je vais consigner dans cette lettre.

Je vous déclare, au surplus, que j'ai toutes sortes de raisons de croire à la véracité de l'homme qui m'a communiqué ces détails.

C'est une sorte de hasard qui l'a mis à portée de voir et d'entendre beaucoup de choses que le public a toujours ignorées. Quoique militaire, il ne s'est trouvé au château de Vincennes qu'à cause d'une circonstance particulière tout-à-fait indépendante de l'événement; il n'étoit chargé d'aucune fonction dans cette forteresse. Il n'y a été appelé que pour rendre quelques services à la malheureuse victime, et ces services sont les derniers qu'elle ait reçus avant de quitter la terre. Mes conversations avec cet homme ont eu lieu à un intervalle de dix-huit mois seulement de la funeste catastrophe qui a privé la France de l'un de ses plus fermes appuis. J'ai fait, comme vous l'imaginez, des questions multipliées à mon historien; je vous assure, Monsieur, dans toute la sincérité de mon âme, qu'à en juger par le ton de ses réponses, par la simplicité de sa narration, par la douleur véritable dont il étoit pénétré, rien ne semble devoir faire douter de l'exactitude et de la fidélité de son rapport.

Voici les circonstances qui m'ont conduit à

connoître les détails dont j'ai à vous faire part.

Dans le courant de l'été de 1806, me trouvant sans occupation, et la santé de ma femme exigeant qu'elle prît pendant quelque temps l'air de la campagne, je m'étois décidé à louer, pour la belle saison, un appartement dans le village de *Champigny*, près *Saint-Maur*. La maison dans laquelle nous logions appartenoit à un Chirurgien, le sieur *Contamine*, qui existe encore, et chez lequel j'eus occasion de rencontrer plusieurs fois un brigadier de gendarmerie, commandant la brigade en station dans le pays. Comme je l'ai dit plus haut, dix-huit mois seulement s'étoient écoulés depuis le funeste événement de la mort du duc d'Enghien : le voisinage où nous étions du théâtre de cet événement, les occasions assez fréquentes que j'avois d'en parler, au retour des courses que je faisois à Paris et qui m'obligeoient chaque fois de passer sous les murs du château de Vincennes; enfin le désir que je témoignois de me procurer quelques notions sur les derniers momens de la vie de ce malheureux Prince, amenèrent naturellement mon hôte à me confier que le brigadier dont il vient d'être question possédoit à cet égard des renseignemens d'un assez grand intérêt. Son nom étoit *Aufort*. Le sieur Contamine, qui paroissoit lié d'amitié avec lui, me le dépeignoit comme un brave homme, doué de sentimens au-dessus de son état. Je n'hésitai pas à le prier de me ménager une conférence de laquelle j'attendois des éclaircissemens tout-à-fait précieux ; il se rendit à mes désirs ; et après en avoir prévenu le brigadier, il me fit appeler un soir que celui-ci étoit venu chez lui : nous eûmes, à huis clos, une conversation dont les détails sont restés gravés dans ma mémoire. Je vais, Monsieur, vous les retracer avec toute la fidélité que vous avez droit d'attendre de moi. Pour plus de clarté, je placerai ce récit dans la bouche même de celui qui me l'a fait.

« Il y a deux ans, dit le sieur Aufort, avant
» qu'on m'eût envoyé à la résidence de Cham-
» pigny, où je suis maintenant, je comman-
» dois la brigade stationnée dans le village

» de Vincennes; j'allois souvent au château,
» parce que je connoissois d'ancienne date
» le sieur Harel, qui en étoit Commandant :
» il avoit été sergent aux Gardes-françaises;
» j'avois servi en même temps que lui dans ce
» régiment : depuis lors il étoit parvenu au
» grade de Chef de bataillon. Après avoir été
» long-temps séparés, le hasard, qui nous fit
» retrouver ensemble dans le même pays, me
» donna lieu de renouer avec lui une sorte de
» liaison, autant du moins que le comportoit
» la différence de nos grades. Ma position dans
» le village de Vincennes et à portée du châ-
» teau, le mettoit souvent dans le cas de me
» demander quelques services; je me faisois,
» autant qu'il dépendoit de moi, un plaisir de
» les lui rendre.

» Un matin (c'étoit le mercredi 21 mars
» 1804)(1), Harel me fait dire qu'il a quelque

(1) L'expédition d'Ettenheim, c'est-à-dire l'enlèvement de Mgr. le duc d'Enghien, sur un territoire étranger, par surprise et au mépris du droit des gens, eut lieu le 15 mars 1804 (24 ventôse an 12, style révolutionnaire). *Caulaincourt*, dont le nom doit être à jamais

» chose d'important à me communiquer; il
» m'engage à venir le trouver sur-le-champ.
» Je m'empresse de me rendre auprès de lui;
» je le trouve préoccupé. — Vous me voyez,

flétri, par le rôle odieux dont il se chargea dans cette circonstance, venoit d'arriver à Strasbourg, muni des ordres de Buonaparte. Un général, nommé *Fririon*, eut le commandement de l'expédition; il étoit accompagné d'un autre Officier supérieur, le sieur *Ordener*, commandant les grenadiers à cheval de la garde des Consuls. (Honorable mission pour des Généraux français, que celle de se rendre les exécuteurs d'un guet-à-pens, et d'aller, à la tête d'une petite armée, surprendre au milieu de la nuit un homme sans défense, qui dort sur la foi des traités!....)

Les troupes passèrent le Rhin, dans la nuit du 14 au 15, près de *Rhinau*; à la pointe du jour, Ettenheim fut enveloppé. M. le Duc, surpris dans son lit, fut obligé de se rendre à un officier de gendarmerie : on l'amena sur-le-champ à Strasbourg, sous une forte escorte de gendarmes et de cavaliers, suivis à peu de distance par de l'infanterie. Enfermé dans la citadelle, il y fut retenu l'espace de trois à quatre jours, pendant lesquels le digne agent de Buonaparte attendit probablement de son maître des instructions ultérieures; c'est après ce terme, que l'ordre arriva de transférer, en toute diligence, le Prince à Paris : ce voyage se fit avec une extrême rapidité, et sans que l'on permît au prisonnier de s'arrêter un seul instant.

» dit-il, dans un grand embarras : cette lettre
» que je viens de recevoir du Gouverneur de
» Paris (Murat), m'annonce que très-inces-
» samment un prisonnier de la plus haute
» distinction doit être envoyé au château de
» Vincennes; que j'aye à le recevoir d'une
» manière convenable à son rang. Comment
» faire? Il n'y a dans tout le château aucun
» appartement prêt et meublé, comme l'exi-
» geroit la circonstance : les réparations du
» donjon ne sont pas terminées.... Je ne vois
» d'autre parti à prendre que de céder provi-
» soirement au prisonnier le logement où je
» suis; j'aviserai ensuite à d'autres disposi-
» tions. Pour ce qui concerne la nourriture,
» j'aurai recours à votre complaisance; vous
» pourrez m'aider, en vous chargeant, sui-
» vant ce que je vous dirai, de commander
» à l'avance chaque repas chez le traiteur le
» plus voisin du château. Retournez à votre
» logement; ne vous en éloignez pas : dès
» qu'il y aura quelque chose de nouveau,
» j'aurai soin de vous faire avertir.— Je pro-

» mis au sieur Harel d'exécuter, avec toute la
» diligence qui seroit en mon pouvoir, les
» commissions qu'il jugeroit à propos de me
» donner.

» Dans la soirée du même jour, Harel me
» fait rappeler auprès de lui; j'y cours, et
» comme j'allois entrer dans son appartement,
» lui-même vient au-devant de moi. — Le pri-
» sonnier est arrivé, me dit-il; j'ignore le nom
» et la qualité de ce personnage, mais à sa
» figure et à son air distingué, ce doit être
» un homme d'importance : vous allez en ju-
» ger par vous-même. — En effet, introduit
» dans la chambre, j'y trouve un jeune homme
» d'une trentaine d'années, dont l'extérieur
» justifioit parfaitement ce qu'on venoit de
» m'en dire : il étoit pâle, et paroissoit très-
» fatigué. — Monsieur a sans doute besoin de
» prendre quelque chose, lui dit Harel; nous
» voici à ses ordres. — Je suis loin de refuser
» vos offres, répond le prisonnier, du ton le
» plus honnête et le plus affable : on m'a fait
» venir, sans m'arrêter, de Strasbourg jus-

» qu'ici; je n'ai pu prendre que bien peu de
» chose depuis mon départ de cette ville; je
» ne vous dissimule pas qu'en ce moment j'é-
» prouve un extrême besoin... — Mon Dieu!
» m'écriai-je, monsieur doit être exténué :
» malheureusement à cette heure les auberges
» du pays offriront peu de ressources. — Je
» ne suis pas difficile, ajoute le prisonnier; le
» plus petit ordinaire me suffira : tout ce que
» je demande, c'est qu'il ne se fasse pas trop
» attendre. — Vous pensez, continue le briga-
» dier, combien je me hâtai d'aller au traiteur
» le plus proche; autant que je puis m'en sou-
» venir, il étoit déjà six heures du soir. Ce
» traiteur avoit eu à dîner un assez grand
» nombre de personnes; ses provisions étoient
» épuisées : forcé de me contenter d'un très-
» modique ordinaire (1), je m'empresse de
» le faire dresser, et, dès qu'il est prêt, je le
» porte moi-même au château. En rentrant,
» je cherche à me justifier de la mauvaise
» réussite de ma commission : le prisonnier

(1) *Un potage au vermicelle et un fricandeau.*

» reçoit mes excuses avec une extrême bonté;
» il m'assure qu'il est content; que c'est tout
» ce qu'il lui faut, et qu'il me sait gré du zèle
» que j'ai mis à lui rendre ce service. La table
» étoit prête, nous le servons : au moment de
» mettre la main au vase où étoit le potage,
» il se retourne vers Harel qui se tenoit en
» arrière à quelque distance, en lui adressant
» la parole avec une grâce et un air de noblesse
» que je ne saurois définir : — Monsieur, lui
» dit-il, j'ai une grâce à vous demander; j'es-
» père que vous n'y trouverez pas d'indis-
» crétion : j'ai avec moi un compagnon de
» voyage, c'est le petit chien que vous voyez
» là; il est le seul ami dont on ne m'ait pas
» séparé : le pauvre animal a fait avec moi
» toute la route; il a partagé mes privations;
» il est, comme moi, à peu près à jeun depuis
» Strasbourg....... Voulez-vous bien me per-
» mettre de lui témoigner, de mon mieux,
» ma reconnoissance, en partageant avec lui
» ce léger repas? — Harel lui répond qu'il est
» le maître de disposer, comme bon lui sem-

» ble, de ce qui se trouve devant lui. — Pour
» moi, continue Aufort, je n'en éprouvois que
» plus de regrets d'avoir apporté si peu de
» chose; intérieurement je me promettois
» bien de m'arranger de manière à procurer
» le lendemain au prisonnier un meilleur
» repas. (Hélas! j'étais loin de m'attendre
» que celui-là dût être pour lui le dernier....)
» Il avoit versé sur une assiette la moitié
» du potage; il l'offre au petit chien, qui
» s'en accommode parfaitement; ensuite il
» fait la même chose pour l'autre mets, qui
» est accepté avec autant de plaisir. — Ce
» léger repas étoit à peine fini, qu'on en-
» tend dans la cour du château le bruit de
» plusieurs équipages qui arrivent à la suite
» les uns des autres : bientôt après on fait
» avertir le sieur Harel; on lui annonce qu'une
» Commission militaire va s'assembler; il est
» invité à faire préparer, sans délai, la salle
» du Conseil : les membres de la Commission
» s'y réunissent (1); leur président, le sieur

(1) Les journaux ont fait connaître, dans le temps, les

» *Hullin*, donne l'ordre d'amener sur-le-
» champ le prisonnier....

» Jusqu'alors, dit Aufort, je n'avois éprou-
» vé, pour cet infortuné jeune homme, d'au-
» tre sentiment que celui de la pitié qu'inspi-
» roit naturellement l'idée de la détention
» plus ou moins longue à laquelle je l'avois
» cru condamné. Jugez de mon effroi, lors-
» que tout à coup il devient clair à mes
» yeux qu'une mesure aussi prompte, aussi
» soudaine, ne peut guère avoir d'autre but
» que celui de prononcer sur sa vie. Le mys-

---

noms des militaires qui composoient cette *Commission spéciale*, nommée par Murat, d'après l'ordre de Buonaparte; ils étoient au nombre de neuf, dont cinq Colonels : leur Président étoit le sieur *Hullin*, alors simple Général de brigade, bien récompensé depuis de ce signalé service, par toutes les grâces dont le combla son digne maître. Je ne citerai, des autres noms, que celui du sieur *Rabbe*, Colonel du deuxième régiment de la Garde de Paris, impliqué, en 1812, dans la conspiration de *Mallet*. Par une absurdité qui, dans toute autre circonstance, ne pourrait qu'exciter le rire, le dispositif du jugement porte, que ces *messieurs* n'étaient *ni parens, ni alliés*, entre eux, *ni du prévenu, au degré prohibé par la loi*.

» tère qui, jusqu'à ce moment, avoit enve-
» loppé son nom (Harel, soit qu'il l'ignorât,
» soit qu'il eût jugé à propos de le taire, ne
» m'avoit fait encore à cet égard aucune con-
» fidence), ce mystère, dis-je, ne tarda point
» à s'éclaircir. Il venoit d'être conduit dans la
» salle du Conseil. Le Commandant se retire
» après l'avoir mis en présence du Tribunal;
» mais il a soin de se placer de manière à en-
» tendre l'interrogatoire..... Quelle est ma sur-
» prise, lorsqu'au bout de quelques instans,
» et probablement d'après la réponse aux pre-
» mières questions adressées par les Juges,
» Harel vient m'apprendre que le Prisonnier
» n'est pas autre que *Monseigneur le duc*
» *d'Enghien* lui-même!... Dans le temps où je
» servois aux Gardes-Françaises, ajoute Au-
» fort, j'avois eu plus d'une fois l'occasion de
» voir ce Prince, à Versailles ou à Fontaine-
» bleau; mais il étoit bien jeune alors, et ses
» traits, légèrement empreints dans ma mé-
» moire, ne s'étoient pas retracés à mes yeux
» au moment où je me trouvai en sa présence

» dans le Château de Vincennes. Ce terrible
» éclaircissement me fit éprouver la sensation
» la plus douloureuse ; j'acquérois à-la-fois la
» connoissance de l'individu et la presque cer-
» titude du sort affreux qui lui étoit réservé.

» En effet l'interrogatoire fut promptement
» terminé; ce n'étoit qu'une affaire de forme ;
» les juges étoient venus avec un arrêt dicté
» à l'avance. On peut voir, dans les papiers
» publics, le détail des questions qui furent
» adressées à l'infortuné Duc; mais ce qu'on
» s'est gardé d'y consigner, ce sont les ré-
» ponses inspirées au Prince par la juste in-
» dignation dont il étoit pénétré. Harel, qui
» écoutoit avec attention, m'a dit plusieurs
» fois qu'il avoit parlé avec une force, une
» dignité, qui, dans toute autre circonstance,
» auroient confondu ses accusateurs. Mais les
» hommes devant lesquels il se trouvoit tra-
» duit n'étoient pas des juges, ils n'étoient
» que les instrumens du pouvoir qui les fai-
» soit agir. Dans la position où le malheureux
» Duc se trouvoit placé, sans soutien, sans

» défenseurs, ne pouvant pas même en ap-
» peler à l'opinion d'un auditoire, puisque
» d'épaisses murailles le séparoient du reste
» du monde, il se voyoit réduit à articuler
» des motifs, à la vérité d'une grande force,
» mais nullement de nature à faire révoquer
» ni même suspendre la sentence déjà pro-
» noncée contre lui. Toutefois, l'unique té-
» moin d'une scène aussi cruelle (quelle que
» fût d'ailleurs sa manière de voir), n'a pu
» s'empêcher de convenir que la noble con-
» tenance du Prince, comparée à l'attitude
» fausse et embarrassée des délégués de Buo-
» naparte, mettoit entre lui et ces hommes
» une distance infinie, et que, pendant toute
» la durée de cette séance, il ne cessa de con-
» server sur eux une immense supériorité.

» Enfin les questions sont épuisées; on rap-
» pelle Harel; on lui donne l'ordre d'emmener
» le Duc dans une pièce voisine; ces mes-
» sieurs annoncent qu'ils vont aller aux opi-
» nions..... (1).

(1) Formalité vaine et dérisoire! Qui ne sait, encore

» Après un certain intervalle, le Comman-
» dant est appelé derechef; on lui annonce
» la condamnation du prisonnier; il reçoit
» l'ordre de le faire descendre, quand il en
» sera temps, dans les fossés du château.

» Harel retourne vers le prisonnier. Il s'abs-
» tient de toute espèce d'éclaircissement; mais
» l'extrême pâleur de son visage dut annon-
» cer au Prince la terrible mission dont on
» venoit de le charger.

» Un espace de temps assez long s'écoule
» encore, après lequel l'ordre définitif est
» donné au Commandant, par le Président de
» la Commission (1). D'une voix foible et

---

une fois, que l'arrêt étoit porté, du moment où l'on avoit donné l'ordre d'arrêter, sur une terre étrangère, cette innocente victime, destinée à sceller de son sang le pacte nouvellement juré entre l'Usurpateur et les assassins de l'infortuné Louis XVI.

(1) Il paroît qu'entre l'interrogatoire et le cruel dénouement, il y eut un intervalle de trois heures environ, pendant lesquelles le Prince resta constamment dans la pièce où on l'avoit conduit en sortant de la salle du Conseil. On voulut différer l'assassinat jusqu'au milieu de la nuit, afin qu'aucun habitant du pays n'en fût témoin,

» mal assurée, Harel invite le prisonnier à
» le suivre; un flambeau à la main, il s'avan-
» ce vers l'escalier étroit et tortueux par le-
» quel ils doivent descendre. — Où me
» conduisez-vous? dit le Duc. — Monsieur,
» veuillez me suivre, et rappelez tout votre
» courage. — Ils s'acheminent, et dans cet
» obscur et horrible trajet, tandis que Harel
» éclairoit les pas du Prince, celui-ci, de
» temps à autre, répétoit la même question :
» Où me conduisez-vous? — Une fois il ajouta :
» Si c'est pour m'enterrer vivant dans un ca-
» chot, j'aime mieux qu'on me conduise à la

et l'on poussa la précaution jusqu'à choisir l'emplacement le plus éloigné du village de Vincennes, c'est-à-dire
le fossé situé au pied de la porte du côté du parc : c'étoit
de là, en effet, qu'on pouvoit le moins entendre l'explosion des armes à feu. — Le malheureux Duc profita de
ce délai pour prendre quelque repos : quoiqu'il ignorât
encore la sentence, il ne pouvoit se dissimuler néanmoins le péril imminent de sa situation; mais son extrême
fatigue, et surtout le calme de sa belle âme, lui procu-
rèrent un profond assoupissement; il dormit *du sommeil
du juste*, sur le bord de ce précipice où il se voyoit près
d'être englouti....

» mort sur-le-champ. — Son guide, ému comme
» comme il devoit l'être, ne répondoit toujours
» que par les mêmes paroles : — Monsieur,
» ayez courage. — Enfin les voilà parvenus au
» pied de l'escalier. En entrant dans le fossé,
» ils aperçoivent devant eux une compagnie
» de Gendarmerie d'élite, rangée en bataille, et
» plus haut, en arrière du parapet qui donne
» sur ce fossé, un groupe d'officiers supé-
» rieurs, destinés apparemment à servir de té-
» moins à l'exécution.

» Les gendarmes (s'il faut en croire Harel)
» étoient entrés dans l'enceinte extérieure du
» château sans qu'on l'en eût prévenu; c'étoit
» dans ce cas une infraction à l'usage pratiqué
» dans tous les temps, ainsi qu'aux dispositions
» des ordonnances sur le service des places.
» Suivant ce qu'il ajoutoit, il falloit même que
» les soldats fussent descendus directement du
» dehors et qu'on leur eût fait franchir le pa-
» rapet du fossé (1). — Pour dernier trait à

(1) Depuis le moment où j'ai écrit cette notice, je suis

« cette scène affreuse, et pour compléter l'en-
» semble des circonstances qui lui donnent
» les caractères d'un assassinat prémédité, ajou-
» tez que, long-temps avant l'arrivée du Prince
» sur le terrain, on s'étoit occupé de creuser
» une fosse au pied de la tour la plus rappro-
» chée du lieu de l'exécution.

» A la vue de cette troupe et du spectacle
» qui tout-à-coup se présente à ses regards,
» le Prince, loin d'être effrayé, semble re-
» prendre de nouvelles forces : son courage
» se ranime; il avoit cru descendre au fond

allé visiter les lieux, et je me suis assuré, par leur ins
pection, de la vérité du récit que m'avoit fait le sieur
Aufort. La tour au pied de laquelle a été fusillé le Duc,
est la première à droite de la porte d'entrée, du côté du
parc : il y avoit à cette époque, sur la gauche du pont-
levis et à peu de distance, un petit escalier par lequel
on pouvoit descendre du dehors dans le fossé : c'est
par là sans doute que furent introduits les Gendarmes.
On a supprimé cet escalier, lorsqu'on a voulu mettre le
château dans l'état de défense où il est aujourd'hui.

» d'un noir et humide cachot; maintenant
» plus d'incertitude; il va succomber, mais
» aussi ce sera le terme de ses malheurs. Il
» s'avance d'un pas ferme et assuré; sa dé-
» marche noble et majestueuse ne peut qu'en
» imposer à tous les spectateurs de cette der-
» nière scène. Un Officier se présente devant
» lui; il tient en main la sentence de la Com-
» mission militaire; il en fait lecture au Pri-
» sonnier, qui l'écoute sans témoigner aucune
» émotion. Après que la lecture est terminée,
» celui-ci, la tête haute, et d'un air plein de
» bravoure et de dignité, se tourne vers la
» troupe. — Messieurs, dit-il d'une voix as-
» surée, j'ai à demander un service important
» pour moi, mais peu difficile à remplir par
» la personne qui s'en chargera : y a-t-il parmi
» vous quelque *homme d'honneur* qui veuille
» s'engager à me rendre ce *dernier service?*
— Les hommes à qui ce discours est adressé
» se regardent; ils semblent consulter entre
» eux : enfin l'un d'eux s'approche du Prince,
» en faisant de grands gestes et en mettant

» la main sur son cœur, comme pour assurer
» qu'on peut compter sur sa parole (1). Mon-

(1) Dans le nombre des personnes à qui j'ai fait part de cette relation, il en est une (que je m'abstiens de nommer, mais dont le témoignage est, à mes yeux, on ne peut plus respectable), qui a contredit un peu cette partie de la déposition du sieur Aufort. D'après d'autres renseignemens qu'elle a recueillis sur les lieux, cette personne m'a dit être fondée à croire qu'aucun des hommes présens ne parut vouloir se charger de la commission de Mgr. le Duc, et que même on ne lui procura point de ciseaux; qu'à la vérité il arracha une mèche de ses cheveux, et qu'il y joignit un médaillon qui étoit suspendu à une chaîne restée à son cou; mais que, sur le refus qu'on lui fit de recevoir ces objets, il ne put que les jeter par terre, en y joignant sa montre, qu'il offrit, pour récompense, à celui qui exécuteroit ses dernières volontés.

Comme je viens de le dire, l'assertion de la personne dont il s'agit mérite beaucoup de considération; mais d'un autre côté, les éclaircissemens qu'elle s'est procurés lui étant parvenus beaucoup plus tard que ceux qui m'ont été donnés par le sieur Aufort; et ce dernier m'ayant raconté le fait, en le détaillant avec les circonstances les plus minutieuses, j'ai dû le rapporter littéralement, tel qu'il me l'avoit dit, et sans y rien changer. Au surplus ce fait, en lui-même, n'a d'importance, qu'à cause de l'intérêt qu'inspirent les derniers momens d'un Prince si digne de regrets: il est resté tant de

» seigneur le Duc lui parle tout bas, et de
» si près que personne ne peut l'entendre;
» bientôt après, l'Officier se retourne, et s'adres-
» sant à la troupe : — Gendarmes, dit-il, quel-
« qu'un parmi vous a-t-il une paire de ciseaux?
» — Ces derniers mots se répètent de rang en
» rang, le long du peloton. L'un des hommes
» présens avoit sur lui ce qu'on demandoit :
» les ciseaux passent de main en main ; le
» Prince les reçoit et s'en sert immédiatement
» pour couper une mèche de ses cheveux; il
» détache ensuite, soit une bague, soit tout
» autre bijou, que l'obscurité ne permet pas
» de distinguer : il enferme ces deux objets
» dans un papier qu'il remet à l'Officier, en
» lui adressant encore quelques mots : celui-ci
» paroît faire de nouvelles protestations et
» va rejoindre ses camarades.

» Dans ce moment, l'infortuné Duc cherche

vague et d'incertitude sur les acteurs et les témoins de cette scène, qu'on ne voit pas trop le motif d'après lequel ceux qui ont rapporté l'une et l'autre version auroient été induits à dénaturer les faits et à en altérer la vérité.

» en vain autour de lui un Prêtre qui, à sa
» dernière heure, puisse lui offrir les secours
» de la religion; cette consolation, qu'on ac-
» corde aux plus grands criminels, lui est
» impitoyablement refusée; il élève les yeux
» vers le ciel : nul doute qu'en cet instant
» fatal, la prière courte, mais fervente, que
» du fond de l'âme il adressa au souverain
» Maître de toutes choses, ne lui ait mérité
» des grâces toutes particulières.... Sans don-
» ner la moindre marque de foiblesse, il fait
» encore quelques pas, et se place lui-même
» à la distance convenable : on veut lui bander
» les yeux; il s'y refuse, en disant que plus
» d'une fois il a vu la mort d'aussi près, sans
» en être intimidé : le signal est donné; il
» tombe, et à l'instant même on le jette, tout
» habillé, dans la fosse qui avoit été creusée
» d'avance, et qu'on s'empresse de combler... »

Tels sont, Monsieur, les faits qui m'ont été racontés par le sieur Aufort, il y a près de dix ans : je n'ai cru devoir me permettre d'y ajouter, ni d'en retrancher la plus légère circonstance. C'est d'après ce motif que, dans la seconde partie (celle qui est relative aux derniers momens de Monseigneur le Duc), je me suis borné à rapporter fidèlement la version de mon historien. Je n'ai point parlé de la lanterne qui, suivant plusieurs notices déjà publiées, fut suspendue devant la poitrine du Prince, pour servir de but à la décharge des Gendarmes. Je n'ai rien dit non plus de ces deux énormes pierres qui furent jetées dans la fosse, et qu'on y a retrouvées lors de l'exhumation du corps de ce généreux Martyr (1).

(1) Un autre fait rapporté par beaucoup de personnes, c'est que *Murat*, lui-même, fut témoin de l'exécution, apparemment pour s'assurer, par ses propres yeux, de la consommation du crime, et afin de pouvoir sur-le-champ en rendre un compte fidèle à son maître. Le récit d'Aufort confirme d'autant mieux cette circonstance, que, suivant ce qu'il me dit, il y avoit au-dessus du fossé, dans le moment où le Prince y descendit, plusieurs Officiers revêtus d'uniformes *éclatans de dorures*: tout porte à croire que c'étoient Murat et quelques autres Généraux : on se rappelle d'ailleurs à quel point ce misérable soutint et encouragea le projet conçu par son digne beau-frère ; de toute la famille, il fut, je crois,

Mon auteur n'avoit pas fait mention de ces particularités ; je suis même porté à croire qu'il les ignoroit. En effet, je n'ai nulle raison d'imaginer qu'il ait été lui-même témoin oculaire de l'exécution ; comme il n'étoit pas attaché au service du Château, aucun motif ne lui donnoit lieu d'y assister : mais les circonstances de la mort du Prince lui auront été racontées par le sieur Harel ; et, soit que ce dernier eût jugé à propos de taire quelque

le seul approbateur d'une aussi horrible mesure ; c'est une justice à rendre à la plupart des autres, que, loin d'y applaudir, ils firent, au contraire, tout ce qui dépendoit d'eux pour sauver la victime. On cite, à ce sujet, un mot de Buonaparte, qui me paroît un trait caractéristique : sa mère le conjuroit de ne pas se porter à une pareille extrémité ; elle employoit tous ses efforts pour le détourner de cette affreuse résolution : après avoir échoué dans ses supplications réitérées, elle veut, un instant, prendre envers lui le ton d'une mère ; elle lui rappelle sa qualité, ses droits, et la déférence qu'il doit avoir pour ses avis : — « *Je n'ai point de parens*, s'é- » crie le monstre, *je me suis fait tout seul.* » Je tiens cette anecdote d'une personne qui étoit alors attachée à *Lucien*, et qui m'a certifié la lui avoir entendu raconter.

chose, soit que peut-être il se fût déjà retiré au moment où le peloton fit sa décharge, toujours est-il que les détails dont je viens de rendre compte sont les seuls qui m'aient été communiqués, et dont je puisse, sous ce rapport, certifier l'exactitude.

J'ajouterai seulement que le sieur Aufort (ainsi que je l'ai dit au commencement de cette notice), paroissoit vivement ému en me faisant son récit : plus d'une fois j'eus occasion de remarquer que des larmes rouloient dans ses yeux. Il termina en m'assurant que l'événement de la mort de Monseigneur le Duc d'Enghien l'avoit frappé à tel point que, dans toute sa vie, il ne croyoit pas avoir éprouvé une sensation aussi terrible : il en fut malade, dit-il, pendant plus de huit jours; sans cesse il avoit devant les yeux la figure et les traits de ce malheureux Prince. Suivant ce qu'il dit encore, le sieur Harel parut aussi en être affecté : ce dernier garda le petit chien, et ne voulut le céder à personne.

Le souvenir fidèle qui m'est resté de tous

ces détails doit être attribué à deux motifs : d'abord, le récit du sieur Aufort avoit fait sur mon esprit une vive impression ; en second lieu, quoique, dans l'intervalle de ces dix années, je n'eusse pas songé à le consigner par écrit, j'en avois néanmoins redit très-souvent les circonstances, non-seulement à mes amis, mais encore à beaucoup d'autres personnes, lorsqu'il m'arrivoit de rencontrer des gens à peu près de mon opinion, et que la conversation, entre eux et moi, venoit à tomber sur ce cruel événement. — Aujourd'hui, Monsieur, que d'après votre invitation, je me suis décidé à rédiger cette notice, il eût été à desirer qu'afin de la rendre encore plus intéressante, j'eusse pu converser de nouveau avec celui qui m'en a fourni la matière, et que je n'ai pas eu occasion de revoir depuis l'année 1806. Malheureusement il n'existe plus ; dès les premiers momens de la restauration (au mois d'avril 1814), je m'étois empressé d'écrire au sieur Contamine, pour en demander des nouvelles ; j'ai appris, par la réponse de ce Chirurgien, que le sieur Aufort étoit mort depuis quelque temps : vers la fin de 1811, il a succombé à une assez longue maladie, dans cette même résidence de Champigny; qu'il n'avoit pas quittée depuis le moment où je l'y avois rencontré. — Des informations plus récentes m'ayant fait connoître qu'il avoit laissé une femme et des enfans, je n'ai rien négligé pour découvrir la demeure de cette veuve; j'avois à cœur de la voir et de lui parler, afin d'obtenir d'elle, sinon de nouveaux détails, au moins la confirmation de ceux que m'avoit autrefois donnés son mari. Après beaucoup de recherches, je suis parvenu à la rencontrer : la conversation qui tout récemment a eu lieu entre nous, et les réponses de cette femme aux nombreuses questions que je lui ai adressées, ont pleinement confirmé la bonne opinion que j'avois conçue du caractère du sieur Aufort, ainsi que l'exactitude du récit que ce dernier m'avoit fait.

C'étoit, au surplus, une présomption favorable pour mon auteur, que la situation où se trouvoit la France au moment où il me parloit, c'est-à-dire en 1806 : aux yeux de la multitude, comme à ceux de presque tous les hommes intéressés plus ou moins dans l'affaire de la révolution, l'autorité de Buonaparte sembloit alors plus que jamais affermie (1); d'un

(1) Il y eut, dit-on, quelques révolutionnaires qui désapprouvèrent cet acte, non qu'ils le considérassent sous son vrai point de vue, c'est-à-dire comme une lâche cruauté, mais seulement parce qu'il leur paroissoit *impolitique*. On attribue, à ce sujet, au ci-devant Conseiller d'État, *Boulay de la Meurthe*, un mot assez remarquable; je le rapporte ici, sans en garantir l'authenticité : « On a tort, disoit-il, d'appeler du nom de *crime* l'évé- » nement de la mort du duc d'Enghien; c'est quelque » chose de pire, c'est *une faute*. »

Jusqu'alors, en effet, beaucoup d'honnêtes royalistes s'étoient flattés de l'espoir que Buonaparte, calculant à la fois son intérêt et le nôtre, imiteroit l'exemple de *Monck*; qu'il se serviroit de son ascendant sur la multitude, pour relever le trône et y replacer le Roi légitime : dans plusieurs circonstances, il avoit semblé, par sa conduite et ses discours, justifier une pareille idée; c'étoit en donnant ainsi le change sur ses intentions véritables, qu'il avoit réussi à capter un grand nombre de suffrages dans les classes les plus respectables de la société.... Une fois l'assassinat consommé, personne désormais ne put se méprendre sur le but de son extrava-

autre côté, s'il est vrai que, dans aucun temps, les fidèles serviteurs du Roi n'aient dû désespérer du triomphe de la bonne cause, on peut

gante ambition; tous les yeux se dessillèrent : on peut dire que, d'un seul coup, il s'aliéna irrévocablement tout ce qui restoit en France d'hommes honnêtes et de cœurs non corrompus.

A partir de cette époque, il ne fut plus soutenu que par le rebut de la nation, par les anciens suppôts du régime de 1793 : — Ce fut là véritablement son appui le plus constant et le plus durable. Pour l'armée, qu'il avoit séduite par l'appât de la gloire et des conquêtes, s'il est vrai qu'elle servît ses projets, et qu'elle concourût fortement à son élévation, on ne peut nier du moins que, loin de ménager un instrument aussi utile, il n'ait semblé se faire un jeu de le briser entre ses mains, et d'en disperser au loin les débris.

Je ne crois pas devoir compter au nombre des auxiliaires de Napoléon, certaine classe d'hommes toujours prêts à encenser le pouvoir, dans quelques mains qu'il se trouve; vrais caméléons qui, suivant les variations de leur atmosphère, savent à tout moment changer d'habits et de langage : il les méprisoit trop pour attacher le moindre prix à leurs applaudissemens; il savoit bien que les gouvernemens, même les mieux établis, ne peuvent faire aucun fond sur ces caractères versatiles dont l'opinion ne se règle que sur l'avantage du moment, et qui pèsent tout à la balance de leur intérêt particulier. Ce sont pourtant ces esprits superficiels, ces politiques

dire toutefois qu'à cette même époque, bien peu de personnes (parmi celles au moins qui avoient assisté à la sanglante catastrophe du

à courte vue, qui pendant long-temps étourdirent l'Usurpateur de leurs *bravo* multipliés; qui, partout et à toutes les époques, se déclarèrent ses panégyristes, et qui s'obstinoient à ne voir, dans les actes les plus extravagans de son administration, que les vues profondes d'un grand homme et les hautes conceptions du génie. C'est par de tels déraisonneurs, qu'à la honte de l'esprit humain, nous avons vu agiter la question de savoir si l'assassinat du dernier rejeton de la branche des Condés n'avoit pas été, pour Buonaparte, une mesure indispensable à l'affermissement de son pouvoir : réduits à l'impuissance d'excuser un pareil crime, ils tâchoient au moins d'affoiblir un peu son horrible couleur : ils auroient voulu faire croire que l'intérêt, je ne dis pas de la France (personne, que je sache, n'a établi une aussi absurde maxime), mais de l'homme qui tenoit en main les rênes du gouvernement, avoit, jusqu'à un certain point, exigé l'emploi d'un moyen aussi cruel ; c'étoit, à leur avis, un malheur nécessaire, justifié par *la raison d'état*..... L'événement a fait voir toute la sottise d'un pareil raisonnement; Boulay de la Meurthe avoit jugé mieux : de toutes les *fautes* de Buonaparte, son entreprise sacrilége sur la personne de M. le duc d'Enghien, est peut-être celle qui devoit le mieux faire présager sa chûte....

Ombre généreuse! pardonne ces réflexions à l'un des

10 août 1792), osoient se flatter de vivre encore assez de temps pour voir la justice divine donner au monde un grand et salutaire exemple, en précipitant l'Usurpateur du faîte de puissance auquel il s'étoit élevé, et en rétablissant, après tant de malheurs et de crimes, nos bien-aimés Souverains sur le trône de leurs pères.

 Je suis, etc.   C. H. DD.

hommes que le malheur de ta perte a le plus douloureusement affectés ! Sans doute, quelque pesant qu'ait été pour nous le joug d'une aussi monstrueuse tyrannie, c'est avoir acheté trop cher notre affranchissement, que de l'avoir payé au prix de ton sang inestimable ; mais aux regrets que causera toujours parmi nous le souvenir de ta mort prématurée, se joindront en même temps des sentimens d'amour et de reconnoissance, pour les résultats utiles, bien que tardifs, qu'elle a procurés à ton pays. Si l'attentat du 21 janvier 1793 a eu ce triste avantage, qu'il ait servi à faire détester la révolution et ses coupables auteurs, le meurtre commis sous les murs de Vincennes dévoue également à l'exécration de la postérité le continuateur de cette révolution impie : sa mémoire, souillée par un crime que n'auroient pu effacer les exploits militaires, les plus éclatans et les plus heureux, se confondra, dans l'avenir, avec celle des *régicides*, et marchera de pair à une affreuse immortalité.

P. S. Les éloges dégoûtans qu'en dernier lieu d'indiscrets amis prodiguèrent à la mémoire du meurtrier du Duc d'Enghien, lorsque la nouvelle de sa mort nous fut parvenue, m'ont decidé à écrire au *Rédacteur de la Quotidienne* une lettre, que ce journaliste a insérée dans sa feuille du 13 août dernier. Je crois utile de la consigner ici, comme un des documens les plus propres à faire apprécier le caractère lâche et cruel de l'homme sur la tombe de qui nos hypocrites *libéraux* affectent aujourd'hui de verser des pleurs et de brûler de l'encens.

Paris, le 9 août 1821.

« Monsieur,

« Au moment où l'on s'empresse de recueillir tant
» de matériaux pour l'histoire de Buonaparte, je me
» crois obligé *en conscience* de payer aussi mon foi-
» ble tribut. Voici un trait de la vie du grand hom-
» me, dont je déclare avoir été le témoin, et qu'il me
» paroît essentiel de transmettre à l'admiration de
» nos neveux.

» L'événement dont je parle eut lieu à *Mantoue*,
» vers les premiers jours de mars 1797 : je me trou-
» vois dans cette ville qui, depuis un mois environ,
» étoit tombée au pouvoir de l'armée française. Après
» une longue et opiniâtre défense, le brave *Wurmser*,
» réduit aux dernières extrémités, s'étoit vu forcé de
» capituler avec le général *Serrurier*, commandant
» du blocus, qui lui avoit accordé les conditions
» les plus honorables. *Buonaparte*, retenu quelque
» temps dans la Romagne, où il étoit allé faire, con-
» tre le malheureux Pape *Pie VI*, une campagne plus
» lucrative que glorieuse, revient pour s'occuper de
» mettre en état de défense la place nouvellement
» conquise ; les magasins étoient entièrement vides ;
» il veut les remplir sans délai : il frappe de réquisi-
» tions tout le pays à la ronde ; bientôt les routes sont

» couvertes de chariots; les approvisionnemens de
» toute espèce affluent aux portes de la ville.

» Un paysan, entré le matin avec un chargement
» destiné au magasin des fourrages de l'artillerie, se
» présente pour sortir par l'une de ces portes; le
» chariot qu'il remmène est rempli de fumier; on le
» visite; on y découvre un sac de maïs; d'après l'or-
» dre du Général, qui défendoit, sous les peines
» les plus sévères, l'enlèvement des denrées versées
» dans les magasins, le conducteur est arrêté, me-
» né au Commandant de la place, et interrogé sur
» le délit dont il paroît coupable. Sa réponse con-
» siste à déclarer : *Que le sac de maïs lui a été re-*
» *mis par le Garde-magasin des fourrages de l'ar-*
» *tillerie, avec qui il est convenu d'en faire l'échange*
» *contre l'équivalent en avoine, denrée beaucoup plus*
» *convenable à la nourriture des chevaux.* Mandé et
» interrogé à son tour, ce Garde-magasin confirme
» la déclaration du paysan. Le Commandant, incer-
» tain sur le parti qu'il faut prendre, croit devoir
» en référer au Général en chef, présent sur les lieux :
» il va le trouver et lui rend compte de l'affaire.
» *Qu'on relâche le paysan; qu'on arrête le Garde-*
» *magasin; qu'il soit traduit devant un Conseil de*
» *guerre, et fusillé dans la journée.* Telle est littera-
» lement la décision de celui qui, sept ans plus tard,

» devoit prononcer le même arrêt contre le dernier
» des *Condé!*

» Bientôt en effet le Conseil de guerre s'assemble;
» on y amène le prévenu; mais de quelque poids
» que puisse être, auprès des membres de ce tribu-
» nal, l'opinion du Général en chef, ils ne trouvent
» néanmoins, après un mûr examen de l'affaire, au-
» cun motif d'infliger, je ne dis pas la *peine capitale*,
» mais seulement une punition grave; l'Employé est
» condamné par eux à deux mois de prison.

» Le jugement est porté au Général; il le parcourt
» rapidement, et, lorsqu'il arrive à la conclusion,
» ses yeux brillent de colère, la fureur se peint dans
» tous ses traits; il déchire la sentence, la foule aux
» pieds, et n'articule plus que ces mots : *Qu'on le*
» *fusille à l'instant!...*

» Je vis le peloton qui revenoit d'exécuter sur le
» glacis cet ordre barbare, abus de pouvoir le plus
» épouvantable peut-être que l'histoire puisse citer ;
» il traversa sous mes yeux la principale place de la
» ville, devant l'ancien palais des *Gonzague*, qu'ha-
» bitoit alors l'usurpateur futur du trône des Bour-
» bons. Le jour tomboit ; les appartemens commen-
» çoient à s'éclairer de mille bougies; tout annon-
» çoit les apprêts d'un repas somptueux, et d'une
» fête brillante donnée au triomphateur par les Au-

» torités du pays. Sans doute en ce moment Buo-
» naparte, enivré d'encens et d'hommages, ne son-
» geoit à rien moins qu'à l'honnête et infortuné jeune
« homme dont il venoit de plonger la famille dans le
» deuil! Quel affreux contraste entre le bruit joyeux
» des instrumens dont retentissoient les voûtes de ces
» salles antiques, et le lugubre son du tambour qui
» ramenoit le détachement au quartier! Dussé-je vi-
» vre bien des années encore, cette horrible discor-
» dance, ce tableau révoltant, les sentimens de dou-
» leur et d'indignation que partagèrent avec moi les
» nombreux témoins d'une scène si atroce, sont au-
» tant de traits profondément gravés dans mon âme,
» et qui jamais ne s'effaceront de mon souvenir.

» J'ai l'honneur d'être, etc. »

NOTICE.

AVERTISSEMENT.

La notice suivante avoit été remise à M. l'Éditeur du *Conservateur*, dans le courant du mois de janvier 1820; elle devoit être insérée à peu près en son entier dans cet ouvrage périodique, si célèbre par les services qu'il a rendus à la cause royale. L'épouvantable catastrophe de la mort de monseigneur le Duc de Berri, les circonstances dont elle fut suivie, et la cessation même du *Conservateur*, qui eut lieu peu de temps après, ne permirent pas à l'auteur de la publier à cette époque. Il la reproduit ici telle qu'il l'avoit rédigée d'abord, et sans y avoir fait aucun changement.

NOTICE

SUR

FEU MONSEIGNEUR

LE PRINCE DE CONTI,

MORT A BARCELONNE, LE 10 MARS 1814.

Paris, 25 janvier 1820.

Il n'est pas un royaliste en France qui n'ait été douloureusement affecté de l'espèce de scandale occasioné en dernier lieu par un incident du procès relatif à la succession de feu S. A. S. Mgr. le Prince de Conti. L'action en garantie, intentée à ce sujet contre S. A. R. *Madame*, duchesse d'Angoulême, les réflexions des journaux anti-monarchiques, l'éclat donné d'avance à la plaidoirie, jusqu'au choix des moyens employés pour soutenir une pareille action, tout sembloit avoir été combiné dans le dessein d'amener encore quelques résultats favorables à l'intérêt d'un parti qui, certes, n'est pas celui de la *légitimité*. N'en eût-il résulté que des discussions propres à jeter de la défaveur sur la personne du Roi, ou sur l'un des membres de sa famille le plus digne de notre amour et de notre vénération; n'eût-on réussi à tirer des débats du procès qu'un prétexte de plus pour altérer dans l'esprit du peuple la considération et le respect dus à des noms si augustes, c'étoit toujours, aux yeux des ennemis du trône, un nouveau moyen ajouté à tous ceux qu'ils se sont déjà ménagés afin d'arriver à leur détestable but. Mais cette fois, grâces à Dieu, leurs sinistres espérances ont été tout-à-fait frustrées; loin qu'ils aient obtenu le succès dont ils s'étoient flattés, on a vu au contraire l'événement tourner à leur confusion, en ce sens qu'il a contribué à relever encore la gloire et l'honneur attachés à l'illustre nom de la fille de Louis XVI. Félicitons Me Hennequin du bonheur qu'il a eu de défendre une si noble cause ; il ne pouvoit faire de son beau talent un plus digne emploi ; sous ce rapport il a complétement justifié la confiance qu'avoient placée en lui les amis de la monarchie légitime ; cette action absurde, pour ne pas dire indécente, a été repoussée de toute la force de son éloquence, à laquelle se mêloit un juste sentiment d'indignation. Quel est le véritable Français qui ne s'est senti remué jusqu'au fond de l'âme, à ce passage si remarquable du discours de l'Avocat de *Madame*, où rappelant à ses adversaires un point bien reconnu de notre droit public, savoir « *que les* » *Rois ne laissent point de succession ; que leur* » *patrimoine se confond avec celui de la Cou-* » *ronne, et qu'aucun droit héréditaire ne peut* » *appartenir aux Enfans de France* », il ajoute immédiatement la réflexion qui sort le plus naturellement du sujet : « Louis XVI, s'écrie- » t-il, n'a laissé pour héritage à sa fille, que » cet amour dont il étoit pénétré pour les Fran- » çais ; que ce besoin d'oublier tous les outra- » ges, de consoler toutes les infortunes, d'as-

» pancher ses bienfaits, même sur ses enne-
» mis; et les malheureux savent si elle a répu-
» dié ce noble héritage! »

La suite de ce plaidoyer a été le désistement donné par l'adversaire de *Madame*, de l'action en garantie intentée à sa requête; M.⁕ Hennequin, en acceptant ce désistement, au nom de S. A. R., a fait remarquer « qu'il étoit heureux
» qu'on eût appris, à l'audience précédente,
» que *Madame* étoit *Fille de France*. »

Peut-être n'eussions-nous rien dit de cette circonstance, plus bizarre encore qu'affligeante, et dont la date, au milieu de tant d'événemens qui nous pressent, semble déjà ancienne, parce qu'elle remonte à plus d'un mois. Mais elle nous a paru de nature à ne pas être passée sous silence; et ce qui achève de nous déterminer à en faire aujourd'hui mention, c'est l'occasion qu'elle nous offre de communiquer à nos lecteurs quelques détails d'un grand intérêt sur la personne de celui de nos anciens Princes du sang dont la perte a donné lieu à cette singulière procédure. Il n'est pas venu à notre connoissance que, depuis l'époque de la mort de M.*gr le Prince de Conti*, c'est-à-dire depuis près de six ans, on ait rien publié, soit dans des écrits périodiques, soit de toute autre manière, sur ce dernier rejeton de l'une des branches de la famille des Bourbons. Nous regardons comme un devoir pour le *Conservateur*, de réparer un oubli si peu mérité à l'égard d'un Prince dont la mémoire sera respectée, non pas seulement à cause de son illustre origine, mais aussi sous le rapport des qualités et des vertus qui l'ont éminemment distingué.

Une partie des détails qu'on va lire a été puisée dans l'histoire du temps. Afin de ne pas trop étendre la notice, nous avons dû nous contenter, à ce sujet, de partir de l'époque où se manifestèrent les premiers symptômes de la révolution. Le reste nous a été fourni par des personnes dont le témoignage est, à nos yeux, des plus respectables, et qui ont bien voulu nous informer de diverses particularités d'autant plus précieuses qu'elles sont moins connues ; celles-ci se rattachent aux dernières années de la vie du Prince; elles ont été recueillies sur le lieu même où repose aujourd'hui sa cendre, et qui pour lui fut si long-temps *la terre d'exil*.

S. A. S. M.gr Louis-François-Joseph de Bourbon, *Prince de Conti*, dans la personne duquel s'est éteinte la branche de ce nom (1), étoit né à Paris, le 1er septembre 1734. Il approchoit de la vieillesse au moment où éclata cette révolution dans le gouffre de laquelle il devoit être englouti. Depuis long-temps il avoit prévu les malheurs dont la France étoit menacée. Tous ceux des contemporains de cette époque, qui existent encore aujourd'hui, peuvent se rappeler sa conduite et ses discours dans l'Assemblée des Notables de 1788, où le

---

(1) Il tiroit son origine d'*Armand de Bourbon, Prince de Conti*, premier du nom (frère du grand Condé), mort en. . . , ... 1666

Et dont les descendans furent :

François Louis, mort en . . . . . 1709.
Louis Armand, mort en 1727,
Louis François, mort en . . . . . 1776.

bureau qu'il présidoit mérita le singulier surnom de *Bureau des Grenadiers*, sans doute parce qu'il s'étoit placé à l'avant-garde du corps d'armée qui défendoit alors les derniers remparts de notre ancienne monarchie. Cette assemblée venoit d'être convoquée pour délibérer sur une série de questions relatives à l'organisation des *Etats-Généraux*. « Déjà (1) circuloient dans le public des écrits pleins d'audace, parmi lesquels deux surtout servoient de ralliement aux factieux et aux novateurs : l'un étoit l'*Essai sur les priviléges*; l'autre avoit pour titre : *Qu'est-ce que le Tiers-Etat ?* » (Ce dernier ouvrage marque le début, dans la carrière politique, du trop fameux *abbé Sieyes*, qui quatre années après...)

« C'est au milieu de cette fermentation des esprits que l'ouverture de l'assemblée eut lieu, le 9 novembre 1788. Le discours du Roi et

(1) Extrait de l'*Histoire de France, pendant le dix-huitième siècle*, par M. Charles Lacretelle, tom. 6, page 283.

celui du Garde des Sceaux ne contenoient aucune révélation sur les intentions du gouvernement; Necker s'étoit réservé d'en être l'organe ; il s'étend beaucoup sur les heureux changemens que deux siècles ont apportés à la condition du Tiers-État; il exprime le vœu que cet ordre jouisse d'une double représentation; mais il s'explique d'une manière ambigüe sur la seconde question, c'est-à-dire la délibération des États-généraux, *par ordre* ou *par tête*, et paroît même incliner, à cet égard, pour la forme suivie dans les États de 1614. Les Notables se divisent, comme ils l'avoient fait dans leur première assemblée, en six bureaux, présidés par les Princes; pendant plusieurs jours, ils s'occupent de recherches historiques, propres à éclairer leurs travaux; ils semblent reculer devant une grande difficulté. Bientôt néanmoins quelques-uns des Présidens se prononcent avec vigueur contre des prétentions qui leur paroissent devoir entraîner les plus funestes conséquences. A la séance du 28 novembre, le Prince de Conti s'adresse à *Monsieur*, dans des termes bien remarquables :

« Monsieur, dit-il, je dois à l'acquit de ma
» conscience, à la position critique de l'État
» et à ma naissance, de vous faire observer
» que nous sommes inondés d'écrits scanda-
» leux qui répandent de toutes parts dans le
» royaume le trouble et la division. La mo-
» narchie est attaquée : on veut son anéantis-
» sement, et nous touchons à ce moment fatal.
» Mais, Monsieur, il est impossible qu'enfin
» le Roi n'ouvre pas les yeux, et que les
» Princes ses frères n'y coopèrent pas. Veuil-
» lez donc, Monsieur, représenter au Roi
» combien il est important pour la stabilité
» de son trône, pour les lois et pour le bon
» ordre, que tous les nouveaux systèmes soient
» proscrits à jamais, et que la constitution et
» les formes anciennes soient maintenues dans
» leur intégrité. Au reste, Monsieur, je n'aurai
» point à me reprocher de vous avoir laissé
» ignorer l'excès des maux dont nous sommes
» accablés, et les dangers plus grands encore

» qui nous attendent; et je ne cesserai de for
» mer les vœux les plus ardens pour la pros-
» périté de l'État, et pour le bonheur du Roi,
» qui en est inséparable. »

Ce discours, si plein de raison et de véritable patriotisme, cette sorte de prophétie, dont les événemens subséquens ne tardèrent malheureusement pas de justifier l'exactitude, est, à notre avis, un des traits qui dans l'avenir honoreront le plus la mémoire de M. le Prince de Conti : il figurera dans l'histoire, comme un monument élevé à la gloire de ce Prince, d'ailleurs si recommandable par sa loyauté, sa franchise et mille autres excellentes qualités. A un caractère essentiellement généreux et bienfaisant, à un esprit d'ordre et de justice qui faisoit citer sa maison comme un modèle à imiter par toutes les grandes familles du royaume, on dira qu'il joignoit à-la-fois l'attachement le plus sincère au bien de son pays, le jugement le plus sain et la plus rare prévoyance. Pourquoi faut-il que sa voix se soit perdue dans le désert? Malgré cette

représentation énergique, il n'en fut pas moins résolu qu'on s'écarteroit des anciennes formes. Louis XVI lui-même, le sage et vertueux Louis XVI, cédant à l'opinion de son ministre, repoussa les avis du Prince, comme intempestifs. « Je vous envoie, mon cher frère (écri-
» vit-il à Monsieur), le papier que M. le Prince
» de Conti a remis hier au Comité. Après
» l'avoir examiné, j'ai trouvé que l'objet dont
» il étoit question s'écartoit absolument de
» ceux pour l'examen desquels j'ai assemblé
» les Notables : ainsi je défends aux bureaux
» de s'en occuper, et ils doivent continuer
» leur travail ordinaire. M. le Prince de Conti
» comme les autres Princes de mon sang,
» doivent s'adresser directement à moi, et je
» les écouterai toujours avec plaisir, quand
» ils voudront me dire ce qu'ils croiront m'être
» utile. »

Quelles réflexions peut-on se permettre aujourd'hui sur cette réponse désolante, sinon qu'une sorte de fatalité sembloit entraîner notre malheureux Roi vers le précipice que depuis long-temps des mains perfides creusoient devant lui ?

Condamné aux rigueurs de l'exil, le Prince de Conti survécut aux désastres de la famille royale : il poussa même sa carrière jusqu'à la veille, pour ainsi dire, du jour où le Roi légitime, rendu enfin à nos vœux, est remonté sur le trône de ses pères. Le ciel n'a pas permis qu'il fût témoin de cet heureux dénouement; mais du moins pendant la longue durée de son séjour sur un territoire étranger, toujours il eut (comme Hector) la consolation de pouvoir se dire :

si Pergama dextrâ
Defendi possent, etiam hâc defensa fuissent.

C'est dans la ville de Barcelonne que ce Prince a passé les dix-sept dernières années de sa vie. Il avoit été auparavant détenu pendant trois ans consécutifs au fort Saint-Jean à Marseille. Le traitement inhumain qu'il éprouva dans cette prison, et qui le réduisit à un état de santé déplorable, la sentence de bannissement prononcée ensuite contre lui, et enfin la confiscation de toute sa fortune, voilà sans doute de quoi repousser avec succès les reproches adressés encore aujourd'hui par quelques personnes aux malheureuses victimes de l'émigration. « Elles devoient rester » en France, dit-on; elles n'eussent pas perdu » leurs biens. » — M. le Prince de Conti, dirons-nous à notre tour à ces apologistes du Code révolutionnaire, n'étoit point sorti du royaume; comment y a-t-il été traité? Quel compte lui a-t-on tenu de sa résignation? L'en a-t-on moins persécuté, proscrit, dépouillé de la totalité de son patrimoine?.....

Retribuerunt mala pro bonis.

On se tromperoit au surplus si l'on imaginoit qu'une fois retiré à Barcelonne, cet infortuné Prince ait été constamment à l'abri des persécutions. A la vérité, pendant les premières années, il y vécut tranquille et consolé même, autant qu'il étoit possible, de l'ingratitude de son pays, par les égards et le respect dont l'environnoient les Autorités Espagnoles, ainsi que la généralité des habitans. Mais les événemens de la guerre ne vinrent que trop tôt troubler ce calme et l'exposer à de nouveaux tourmens. Lorsque la place fut tombée au pouvoir des armées françaises, M. le Prince de Conti se trouva sous la dépendance des Officiers supérieurs, envoyés successivement pour y commander. Plus d'une fois il essuya de leur part des désagrémens et d'injustes tracasseries ; il n'en fut pas exempt, même sur le lit de la mort, et à l'instant où il alloit fermer les yeux. — Des ordres venoient d'être donnés pour la recherche des armes dans toutes les maisons de la ville ; quelques réclamations que fissent les personnes placées près de lui, son asile ne put en être excepté ; sans égard pour son nom, ses vertus, son grand âge et sa situation désespérée, on fouilla jusque dans sa chambre, on enleva sous ses yeux mourans deux fusils de chasse, les seules armes qu'il eût conservées.

Une épée *à poignée d'or* échappa cependant à la perquisition : les personnes qui entouroient le Prince savoient tout le prix qu'il attachoit à cette arme; il y tenoit singulièrement, non pas à cause de sa valeur matérielle, mais parce qu'elle avoit été entre les mains de son père, aux affaires mémorables de *Ville-Franche*, de *Château-Dauphin* et des *Barricades*, dans la belle campagne de 1744, en Piémont; il la considéroit en quelque sorte comme un trophée à la gloire de sa famille. Cachée d'abord dans un lieu secret, on ne trouva ensuite d'autre moyen de la soustraire à des recherches ultérieures, qu'en la plaçant à côté du Prince, et dans l'intérieur même de son cercueil, lorsque enfin la mort l'eut affranchi de tant d'injustices et de barbaries.

C'est le 10 mars 1814 que ce digne Prince fut enlevé à l'amour de tous ceux qu'il s'étoit attachés par sa bienfaisance et son extrême affabilité. Les nouvelles qui, malgré les précautions de la garnison, transpiroient à Barcelonne, sur les opérations des armées alliées en France, donnoient lieu d'espérer dès-lors l'heureux dénouement qui nous a rendus à nos Souverains légitimes, et qui l'eût aussi fait rentrer dans sa patrie, après un exil aussi long que douloureux; mais plusieurs fois il lui étoit arrivé de dire en soupirant : « Hélas! je serai » assez malheureux pour mourir la veille d'un » si beau jour ! » Ce triste pressentiment ne s'est que trop exactement vérifié.

Ajoutons encore un trait : nous pourrions en citer beaucoup qui auroient pour effet de peindre à-la-fois le beau caractère de M. le Prince de Conti, son esprit d'ordre et sa scrupuleuse exactitude à remplir tous ses engagemens; nous donnerons la préférence à celui-ci, parce qu'il réunit l'avantage d'inspirer une haute idée de la générosité espagnole, et de faire connoître en même temps le malheur de la situation à laquelle étoit réduit, sur la fin de sa carrière, l'un des membres les plus respectables de la famille de nos Rois.

Au commencement de l'année 1814, M. le Prince de Conti, qui toute sa vie avoit eu pour règle constante d'acquitter immédiatement jusqu'à la moindre dépense de sa maison, se vit contraint de retrancher quelque chose du modeste train de vie qu'il s'étoit tracé depuis l'époque de son arrivée à Barcelonne. La pension de 50,000 fr. que lui faisoit le Gouvernement français, pension bien modique, eu égard à la valeur des grands biens confisqués sur lui et aux charges nombreuses dont sa bienfaisance n'avoit pas cessé de lui imposer le fardeau, cette pension se trouvoit arriérée de près d'un an. La gêne des circonstances, à une époque si critique, et l'extrême difficulté des communications entre la France et l'Espagne, n'avoient pas permis à son banquier à Paris de lui en faire passer les termes échus. Le Prince, fidèle à son système de conduite, donna des ordres pour qu'une économie sévère présidât plus que jamais à toutes les dépenses de son service. — Un *marchand Cirier* (1), habi-

---

(1) Nous regrettons de n'avoir pas présent à l'esprit le nom de ce digne Espagnol.

tué dans l'hôtel, remarque bientôt que la situation du Prince est devenue plus fâcheuse ; une longue expérience l'avoit mis à portée d'apprécier les vertus de cet illustre exilé, d'admirer sa bienfaisance, son courage dans l'adversité ; en un mot, il étoit pénétré envers lui d'un sentiment de vénération qui alloit jusqu'à l'enthousiasme ; il vient trouver M. *le Chevalier de Fraguier*, (le même qui depuis a été attaché au service de Mme la Duchesse douairière d'Orléans, et qui est mort il y a peu de temps.) Cet officier avoit la confiance du Prince; il étoit chargé d'une partie des détails de sa maison. L'Espagnol lui fait part de la crainte où il est qu'un embarras momentané n'oblige *Monseigneur* à des privations nouvelles, devenues plus pénibles à cause de son âge et de ses infirmités. Puis il ajoute « qu'un grand bon-
» heur pour lui seroit de pouvoir adoucir l'exis-
» tence d'un Prince auquel il porte la plus res-
» pectueuse affection ; que, sans être riche, il a
» cependant des ressources dont il peut dispo-
« ser, sans nuire aux affaires de son commerce ;

» qu'une somme de *deux mille piastres* est là
» toute prête; qu'il regardera comme une fa-
» veur insigne qu'on lui permette de la verser
» dans la caisse du Prince, sans que celui-ci en
» soit d'aucune façon informé ; qu'après la
» rentrée des fonds attendus, on lui rembour-
» sera cette avance; que dans tous les cas il
» fera, s'il le faut, le sacrifice complet d'une
» somme à laquelle, suivant son cœur, il ne
» sauroit donner un plus digne et plus doux
» emploi. »

On pense bien que M. *de Fraguier,* tout en se récriant sur la générosité de cette proposition, se garda cependant de l'accueillir. Il fit sentir à l'Espagnol que, d'après les ordres du Prince et ses intentions bien connues, il lui étoit impossible, à moins d'une autorisation expresse, de se prêter à un pareil arrangement. Toutefois il lui laissa entrevoir quelque espérance de succès, et il promit de l'instruire bientôt du résultat de ses démarches.

C'est de la bouche du Prince lui-même, que le bon *Cirier* reçut, dès le lendemain, une ré-

ponse définitive. M. *de Fraguier* avoit rendu compte de sa conversation avec ce brave homme : touché, attendri jusqu'aux larmes, au récit d'un si noble procédé, le Prince, quoique malade, et déjà singulièrement affoibli (c'étoit trois mois environ avant sa mort), se fait habiller, et sur-le-champ se transporte au domicile de l'Espagnol. Voici, mot pour mot, le discours qu'il lui adresse : « Mon ami, on m'a ins-
» truit de vos offres; j'en suis ému, reconnois-
» sant au-delà de toute expression. Je ne puis
» les accepter; j'ai toujours eu pour principe
» de ne contracter d'obligation qu'avec la cer-
» titude d'y satisfaire; grâces à Dieu, j'ai en-
» core des ressources suffisantes pour aller jus-
» qu'au 1er avril prochain; d'ici-là j'espère re-
» couvrer ce qui m'est dû; mais si le contraire
» arrive, si j'en suis réduit alors aux dernières
» extrémités, je vous donne ma parole de Prince
» que je viendrai vous trouver, et que *vous*
» *serez le premier à qui je tendrai la main*. »

Nous ne pouvons mieux terminer cette notice qu'en rapportant ici l'inscription placée par les Espagnols sur le tombeau de M. le Prince de Conti ; elle achève de prouver à quel point ce digne petit-neveu du grand Condé avoit su gagner l'estime du peuple généreux et hospitalier au milieu duquel s'écoulèrent ses derniers jours.

EPITAPHE.

« Ci-gît :

« Son Altesse Sérénissime Monseigneur
» Louis-François-Joseph de Bourbon,
» Prince de Conti, exemple frappant des
» vicissitudes humaines ;

» Digne héritier des vertus de ses illustres
» ancêtres, il sentit vivement les malheurs
» de son auguste famille, et se fit une gloire
» de les partager : ils purent bien l'attein-
» dre, l'écraser, mais non l'abattre.

» Malgré l'ingratitude de sa patrie, il
» eut toujours pour elle la tendresse d'un
» père.

» L'histoire fait foi qu'il ne négligea
» rien pour rétablir l'ordre social boule-
» versé, et qu'il fut, de tout son pouvoir,
» le noble appui de l'autel et du trône qui
» alloient s'écrouler : efforts généreux qui
» le firent précipiter dans les horreurs d'un
» vil cachot, où il languit pendant près
» de trois ans, lui restant à peine un
» souffle de vie.

» Il fut arraché du sein de sa chère pa-
» trie, déporté en Espagne, et exilé à Bar-
» celonne.

» Légitime héritier d'une immense for-
» tune, il en fut dépouillé; et néanmoins,
» sur la modique pension qu'on lui accor-
» doit, comme par grâce, il trouvoit en-
» core de quoi consoler et nourrir, chaque
» jour, une infinité d'indigens.

» Sa popularité, sa justice, sa patience,
» sa douceur et ses bienfaits l'ont fait éga-
» lement regretter, et des Espagnols, et
» des Français eux-mêmes.

» Enfin, après avoir été pendant dix-

» sept ans l'intéressant objet de leur ad-
» miration, de leur respect et de leur
» amour, bien digne sans doute d'un sort
» plus fortuné, il est mort dans son exil,
» dans sa quatre-vingtième année, le 10
» mars 1814. »

N. B. Une autre inscription, placée près de celle-ci, annonce « que le Prince a été déposé à côté de l'autel, » ceint de la même épée que portoit son père dans ses » brillantes campagnes d'Italie, depuis 1741 jusqu'en » 1744, campagnes où il avoit sous ses ordres, comme » Généralissime, l'élite des troupes espagnoles, comman- » dées par Monseigneur le Marquis de la Mina, dont le » tendre souvenir est encore et sera toujours profondé- » ment gravé dans le cœur des Barcelonnois.

» C'est avec la même épée (ajoute l'inscription) que » le fils, au printemps de l'âge, ouvrit, à son tour, en » 1757, ses campagnes dans les plaines germaniques, » et les soutint pendant trois ans avec éclat, digne » imitateur d'un tel père ! »

FIN.

www.ingramcontent.com/pod-product-compliance
Lightning Source LLC
Chambersburg PA
CBHW060119170426
43198CB00010B/949